Als man hier heimlich am Atom forschte

Rolf Schlenker

Als man hier heimlich am Atom forschte

Schicksalhafte Ereignisse und bewegende Geschichten aus Baden-Württemberg

SILBERBURG

Hängt wie ein Schwalbennest im Fels:
die St.-Veits-Kapelle am Isteiner Klotz in Südbaden.

Inhalt

Heimtückischer Mord am Rivalen: Herzog Ulrich tötet Hans von Hutten.

Vorwort

Liebe Leserin, lieber Leser,

falls Sie bis zu diesem Moment der Meinung gewesen sein sollten, dass Sie sich in einem »Musterländle« befinden, dann wird dieses Buch einiges geraderücken. Es wird Ihnen vor Augen führen, dass Sie nicht auf einer Insel der Seligen leben, sondern mitten drin in einem Hotspot der Rebellion.

Begann nicht etwa der deutsche Bauernkrieg im Südschwarzwald? Und war das Atomkraftwerk Wyhl nicht das einzige AKW Deutschlands, das ungebaut blieb, nur weil es die Menschen vor Ort nicht wollten? Es geschah auch nicht irgendwo, sondern in »Badisch Sibirien«, dass eine Handvoll Bauern den Weltkonzern Daimler in die Knie zwangen. Weiterhin nicht zu vergessen: Auch ein Großteil der RAF-Führungsebene stammte aus dem Land. Nutzten die Terroristen ihre geografischen Kenntnisse für ein Geiselversteck in einer gottverlassenen Schlucht?

Dazu eine grauenhafte Mordserie im Schwarzwald, Strahlenalarm am Bodensee nach einem Cessna-Crash, geheime Atombombenforschung in einem verschwiegenen Felsenkeller auf der Alb, die feige Flucht von Hitlers eifrigstem Durchhalte-Parolen-Verkünder aus Stuttgart ausgerechnet an »Führers Geburtstag« und der eiskalte Coup eines schwäbischen T-Shirt-Fabrikanten, der damit die südwürttembergische CDU unterwanderte – was bleibt angesichts solcher Storys noch übrig vom »Musterländle«-Image?

Allerdings gibt es auch eine andere, eine positive Seite. Wie zum Beispiel ein Badener den »deutschen Amazonas« bändigte und in geordnete Bahnen lenkte. Oder wie der Autor eines der erfolgreichsten deutschen Romane – trotz dessen hohen Gehalts an pikanten Szenen – viele Jahre lang als geachteter Bürgermeister in einer mittelbadischen Kleinstadt wirkte. Ein anderer Autor, der später den Literaturnobelpreis bekommen sollte, stellte sein bekanntestes Werk nicht etwa in einer weltläufigen Metropole vor, sondern in einem württembergischen Dorfgasthof. Und es war ein Grabenstettener Pfarrerssohn, der als Direktor des Frankfurter Zoos medial nicht weniger erfolgreich war als einer seiner berühmtesten Nachfolger, die TV-Legende Bernhard Grzimek. Und da ist auch der Stuttgarter Schriftsteller, dem das Kunststück gelang, ein Gebäude berühmt zu machen, das es noch gar nicht gab.

Also: Doch alles halb so wild im »Wilden Süden«? Am besten, Sie machen sich selbst ein Bild.

Viel Spaß beim Lesen!
Rolf Schlenker, im Frühjahr 2024

Sieht friedlicher aus, als der Name vermuten lässt: die Wutachschlucht bei Bonndorf.

Gasthof
Adler

Ein Gasthof, der Literaturgeschichte machte: der »Adler« in Großholzleute.

Wieso Oberkirch-Gaisbach ein Hotspot der deutschen Literatur ist – und das kaum einer weiß

Kennen Sie German Schleifheim von Sulsfort? Nein? Kleiner Tipp: Er ist hoch erfolgreicher Bestsellerautor und hat einen der bekanntesten deutschen Romane geschrieben ... Na, immer noch nichts? Nun gut, der Mann liebte die Geheimnistuerei, zum Beispiel setzte er die Buchstaben seines bürgerlichen Namens gerne schlitzohrig zu neuen fantasievollen Kombinationen zusammen. Andersherum gesagt: Wenn man »German Schleifheim von Sulsfort« wieder in einzelne Buchstaben zerlegt, kräftig schüttelt und neu ordnet, dann kommt irgendwann »Christoffel von Grimmelshausen« heraus – seine beiden anderen Vornamen Hans und Jakob ließ er dabei weg. Und falls Ihnen irgendwo Samuel Greifnson vom Hirschfeld, Philarchus von Trommenheim, Erich Stainfels von Grufenholm, Melchior Sternfels von Fuchshaim, Simon Leugfrisch von Hartenfels oder Michael Rechulin von Sehmsdorff begegnen sollte, dann gilt ebenfalls: so lange schütteln, bis Grimmelshausens Name erscheint.

Als Grimmelshausen 1668 unter seinem Anagramm-Pseudonym Sulsfort den Roman »Der Abentheuerliche Simplicissimus Teutsch« veröffentlichte, hatte er schon ein bewegtes Leben hinter sich. 1622 im hessischen Gelnhausen nördlich von Aschaffenburg geboren, war er 18 Jahre lang Soldat im Dreißigjährigen Krieg, bevor er sich im badischen Gaisbach im Renchtal niederließ, wo er begann, Romane zu schreiben. Der »Simplicissimus«, sein bekanntester, erschien 1668 und spielte in der Zeit dieses grauenhaften Krieges, der im damaligen »Heiligen römischen Reich deutscher Nation« rund sieben seiner 17 Millionen Bewohner das Leben kostete – ein unfassbarer Blutzoll, der sich wie ein roter Faden durch die Handlung zieht.

Der Ex-Soldat Grimmelshausen wusste, wovon er schrieb. Zum Beispiel, wenn er seinen Romanhelden Simplicissimus als Zehnjährigen den Überfall einer Horde Landsknechte auf den heimischen Bauernhof erleben lässt, eine zügellose Orgie von Zerstörung, Plünderung, Vergewaltigung und brutaler Gewalt, durch die den verarmten Bauern auch noch der allerletzte versteckte Notgroschen abgepresst wird. Die Folterung seines Vaters zum Beispiel beschreibt der Junge so:

Allein mein Knan war meinem damaligen Bedünken nach der glückseligste, weil er mit lachendem Mund bekennete, was andere mit Schmerzen und jämmerlicher Weheklag sagen mußten, und solche Ehre widerfuhr ihm ohne Zweifel darum, weil er der Hausvater war, denn sie setzten ihn zu einem Feuer, banden ihn, daß er weder Händ noch Füß regen konnte, und rieben seine Fußsohlen mit angefeuchtem Salz, welches ihm unser alte Geiß wieder ablecken, und dadurch also kitzeln mußte, daß er vor Lachen hätte zerbersten mögen; das kam so artlich, daß ich Gesellschaft halber, oder weil ichs nicht besser verstund, von Herzen mitlachen mußte. (1)

Hans Jakob Christoffel von Grimmelshausen (1622–1676), einer der erfolgreichsten deutschen Romanautoren.

Das Cover des Erfolgsromans: Der »Simplicissimus« war ein Bestseller.

Klar, der Bub ist noch klein und kann nicht verstehen, was er da erleben muss, aber man begreift als Leser dennoch schnell, dass er nicht die hellste Kerze auf der Torte ist. Die schlichte Art seines Geistes ist einer der Gründe, warum ihn der Einsiedler, der ihn nach der Flucht von dem zerstörten Hof aufnimmt, »Simplicius«, also der »Einfache« oder «Einfältige« nennt. Der andere Grund: Der Junge kennt seinen eigenen Namen nicht. Das erste Gespräch zwischen dem Einsiedler und seinem neuen Schützling ist eine dieser Stellen, in denen Grimmelshausen neben seinen realistischen Schilderungen dieser gewalttätigen Zeit auch durchaus einen anarchistischen Witz verströmt. Oder so gesagt: Karl Valentin hätte diesen Dialog wohl nicht viel anders geschrieben.

Einsiedel: Wie heißest du?
Simplicius: Ich heiße Bub.
Einsiedel: Ich sehe wohl, daß du kein Mägdlein bist, wie hat dir aber dein Vater und Mutter gerufen?
Simplicius: Ich habe keinen Vater oder Mutter gehabt.
Einsiedel: Wer hat dir denn das Hemd geben?
Simplicius: Ei, mein Meuder.
Einsiedel: Wie heißet dich denn dein Meuder?
Simplicius: Sie hat mich Bub geheißen, auch Schelm, ungeschickter Tölpel und Galgenvogel.
Einsiedel: Wer ist denn deiner Mutter Mann gewesen?
Simplicius: Niemand.

Der Galgenbaum: Die Radierung von Jacques Callot aus dem Jahr 1632 thematisiert die Grausamkeiten im Dreißigjährigen Krieg.

Einsiedel: Bei wem hat denn dein Meuder des Nachts geschlafen?
Simplicius: Bei meinem Knan.
Einsiedel: Wie hat dich denn dein Knan geheißen?
Simplicius: Er hat mich auch Bub genennet.
Einsiedel: Wie hieß aber dein Knan?
Simplicius: Er heißt Knan.
Einsiedel: Wie hat ihm aber dein Meuder gerufen?
Simplicius: Knan, und auch Meister.
Einsiedel: Hat sie ihn niemals anders genennet?
Simplicius: Ja, sie hat.
Einsiedel: Wie denn?
Simplicius: Rülp, grober Bengel, volle Sau, und noch wohl anders, wenn sie haderte. (2)

Noch etwas wird hier deutlich: Grimmelshausen nimmt in seinen Romanen sprachlich kein Blatt vor den Mund. Sein »Simplicissimus« ist ein typischer Schelmenroman dieser Epoche, des Barocks: Ein naiver, aber durchaus bauernschlauer Held kämpft sich durch die Gesellschaftsschichten nach oben und spiegelt dabei die Verhältnisse der Zeit satirisch wider – also in einer Art »heute show« des 17. Jahrhunderts.

Um so eine Aufzugsfahrt durch die damalige Gesellschaft für die breite Masse lesenswert zu machen, gehört zum Schelmenroman natürlich – neben grober Sprache, Action und Crime – auch ein gerüttelt Maß an Pikanterie. Und auch in dieser Hinsicht geht es beim »Simplicissimus« ordentlich zur Sache. Zum Beispiel, wenn er in Paris mit verbundenen Augen zum »Venusberg« geführt wird, in ein Schlafzimmer, in dem gleich vier hungrige Damen von Stand auf ihn warten. Acht Tage lang bleibt unser Held in diesem Tempel der Lüste, und wir befinden uns wirklich erst im Jahr 344 vor »50 Shades of Grey«:

Sobald ich hinzukam, fiel sie mir um den Hals, bewillkommte mich mit vielem Küssen und biß mir vor hitziger Begierde schier die unter Lefzen herab; ja sie fing an, meinen Schlafpelz aufzuknöpfeln und das Hemd gleichsam zu zerreißen, zog mich also zu sich und stellte sich vor unsinniger Liebe also an, daß nicht auszusagen ... Ich gedachte zwar heim an meine Liebste, aber was halfs, ich war leider ein Mensch und fand ein solche wohlproportionierte Kreatur und zwar von solcher Lieblichkeit, daß ich wohl ein Block hätte sein müssen, wenn ich keusch hätte davonkommen sollen. (3)

Nacken abtupfen! Schon damals galt offenbar: Sex sells!

Paris ist nur eine Station auf Simplicius' Reise durch die Welt. Meist unfreiwillig, als Gefangener irgendeiner Soldateska oder Piratenbande, kommt er nach Kroatien, Japan, Macau, Ägypten, Konstantinopel, Moskau und Rom. Doch immer wieder gelingt es ihm durch seine Bauernschläue, sich aus misslichen Lagen zu befreien und sogar Nutzen aus der jeweiligen Situation zu ziehen.

Auf seinen Reisen erfährt Simplicius Simplicissimus nebenbei auch seine wahre Herkunft: Er heißt eigentlich Melchior Sternfels von Fuchshaim. Falls Ihnen der Name jetzt bekannt vorkommen sollte: Richtig, er ist einer der Anagramme vom Anfang, durchgeschüttelt und neu geordnet steht dann der Name des Autors da – ein Beleg dafür, dass Grimmelshausen viele eigene Erlebnisse in seinen Roman eingearbeitet hat.

Einer von Simplicissimus' zahlreichen Affären widmet Grimmelshausen ein Jahr später noch einen eigenen Roman, »Trutz Simplex oder die Lebensbeschreibung der Erzbetrügerin und Landstörzerin Courasche«. Mit dem Titel ist schon gesagt, dass die Dame a) betrügt und b) eine »Landstörzerin«, also eine fahrende Händlerin ist, die im Dreißigjährigen Krieg mit den Soldaten mitzieht. Die Courasche ist eine frühe »femme fatale«, die auch – da bleibt sich Grimmelshausen treu – männermäßig wenig anbrennen lässt.

»Courasche« ...? War da nicht was? Kommt einem irgendwie bekannt vor, dieser Name, oder? ... Nun, fast drei Jahrhunderte später wird der Dramatiker Bert Brecht den Stoff aufgreifen und als »Mutter Courage und ihre Kinder« auf die Bühne bringen, ein Antikriegsstück, das 1941, mitten im Krieg, im Schauspielhaus Zürich uraufgeführt wird, mit einer großartigen Therese Giehse in der Titelrolle.

Denkmal für Grimmelshausen in Renchen.

Auf diese Weise hat Hans Jakob Christoffel von Grimmelshausen wichtige Spuren in der deutschen Literatur hinterlassen. So erfolgreich seine Bücher jedoch auch schon damals waren, von der Schriftstellerei leben konnte er nicht. Dementsprechend viele Hauptjobs bekleidete er nacheinander im Renchtal: zunächst als Guts- und Burgverwalter, zwei Jahre lang betrieb er dann als Wirt den Gaisbacher Gasthof »Zum silbernen Stern«, danach hatte er wieder einen Job als Burgvogt, machte noch einen Versuch als Wirt, und schließlich – von 1667 bis zu seinem Tod am 17. August 1676 – war er Bürgermeister von Renchen.

27 Jahre brachte der große Barockdichter in Südbaden zu. Ein zentrales Thema aus seinen wilden Romanen scheint jedoch auch sein braves Bürgerleben nachhaltig beherrscht zu haben – jedenfalls brachte er es neben Arbeit und Schreiben auf die stattliche Anzahl von zehn Kindern.

Zitate:

(1) www.projekt-gutenberg.org/grimmels/simpl/simpl.html, Buch 1, 4. Kapitel
(2) ebenda, Buch 1, 8. Kapitel
(3) ebenda, Buch 4, 5. Kapitel

Die Schauenburg bei Oberkirch: eine der Arbeitsstätten Grimmelshausens.

Lichtenstein – Wie ein Tyrannenlob eine Burg berühmt machte, die es noch gar nicht gab

Was mag den Jungen da bloß geritten haben? Er ist 24 Jahre alt und hätte als frischgebackener Dr. phil. und Hauslehrer in einer angesehenen Familie eigentlich die Fakten kennen müssen. Dennoch veröffentlicht Wilhelm Hauff 1826 eine »romantische Sage«, die den gewalttätigen und verschwendungssüchtigen Herzog Ulrich von Württemberg (1487–1550) zum aufrechten und volksnahen Widerständler verklärt. Dabei war der Mann ein brutaler Ausbeuter seiner Untertanen gewesen, Bauern, die in bittersten Hungersnöten in seinen Wäldern jagten, ließ er, um nur ein Beispiel zu nennen, mitleidlos die Augen ausstechen. Und 1515 wurde er auch noch höchstpersönlich zum Mörder.

Kurz: Herzog Ulrich von Württemberg war das, was man im Angelsächsischen »a bastard« nennt, ein »Mistkerl«. Okay, harte Jugend, die Mutter starb bei der Geburt, der Vater war geistesgestört, sein Ziehvater, Graf Eberhard im Bart, starb, als der Junge gerade neun war, der nächste Vormund wurde bereits zwei Jahre später vom Kaiser abgesetzt – kurz: Kindheit und Jugend waren eine einzige Aneinanderreihung von Schicksalsschlägen. Und humanistische Erziehung? Fehlanzeige, der Junge fällt vor allem durch Misstrauen, Jähzorn, Rücksichtslosigkeit und Beratungsresistenz auf.

Bereits mit elf wird er von Kaiser Maximilian mit dessen erst sechsjähriger (!) Nichte Sabina von Bayern verlobt. Als 13 Jahre danach die Hochzeit stattfinden soll, muss Ulrich vom Kaiser vor den Traualtar gezwungen werden, so zuwider ist ihm die Liaison mit der bayerischen Prinzessin damals schon. »Eigentlich verliebt war er zwar in Elisabeth, die Tochter des Markgrafen von Brandenburg«, schrieb der Historiker und Journalist Dieter Breuers, »aber Befehl ist Befehl. Wenn er jedoch schon dieses unweibliche Weib heiraten musste, sollte ihm wenigstens die Hochzeitsfeier Spaß machen« (1).

Ach ja, die Hochzeit in Stuttgart im Jahr 1511. Sie ist eine einzige Provokation für jeden Untertan. Werner Frasch hat in seiner »Ulrich«-Biografie die Dimension der Hochzeitstafel minutiös recherchiert. Dauer: 14 Tage, Gäste: 7000. Geschlachtet werden: 130 Schweine, 136 Ochsen, 500 Stück Wild, 2000 Kälber, Tausende Hasen, Hühner, Pfauen, Gänse, Enten, Auerhähne, Tauben und anderes Getier, wie tonnenweise Fisch aus Flüssen, Seen und sogar von ganz weit her, vom Meer. Und dann natürlich das Teuerste vom Teuren: edle orientalische Gewürze wie Safran, Pfeffer oder Süßholz. Wein, Bier und Schnaps noch gar nicht mitgerechnet. Serviert werden so erlesene Gerichte wie »Reh in weißer und brauner Soße«, »Kapaunen mit Ingwer in der Brühe«, »Krebse und Sülze von Fischen« oder »Wildschwein mit Rosinen«. Und dann der Gipfel der Prasserei: »Grünes Kraut – darin vergoldete Vögel« (2).

Mit 24 schon Bestsellerautor: der Stuttgarter Hauslehrer Wilhelm Hauff (1802–1827).

Vergoldete Vögel! Wer denkt da nicht sofort an den Skandal um Ex-Bayernprofi Franck Ribéry, der 508 Jahre später in einem Luxusrestaurant in Dubai ein mit Blattgold verziertes Steak bestellte. Und auch aß. Kostenpunkt: 1200 Euro.

Zurück zu Ulrich. Die Kosten seiner Mega-Hochzeit sind immens und übersteigen – zusammen mit anderen Ausschweifungen – das Budget des Hofes um ein Vielfaches, weshalb sich Ulrich sehr schnell mit der Frage nach einer Gegenfinanzierung befassen muss. Im Grunde genommen will er das so machen, wie es in dieser Zeit die Fürsten und Grundherren eben so machen, wenn sie sich finanziell überhoben haben: Die Schulden werden einfach an die Untertanen abgedrückt. Bei Ulrich jedoch auf besonders perfide Weise. Er führt hohe Abgaben auf tägliche Verbrauchsgüter wie Fleisch, Wein oder Getreide ein, und zwar so, dass es die Leute gar nicht merken sollen. Er lässt einfach in allen Läden und auf allen Märkten die Gewichte für die Waagen austauschen, ein Ein-Kilogramm-Gewicht wiegt jetzt nur noch 700 Gramm. Wer also ein Kilo Fleisch kauft, bekommt nun nur noch 700 Gramm, bezahlt aber – natürlich – 1000 Gramm. Die satte 30-Prozent-Rendite müssen die Händler selbstverständlich komplett an den Herrscher abführen. Eine Strategie, die den »Armen Konrad« auslöst, einen Aufstand, den Ulrich – natürlich – brutal niederschlagen lässt.

Die Burg Lichtenstein hoch über Honau: ein Sehnsuchtsort der Romantik.

Hauffs »Lichtenstein« – einer der ersten »historischen Romane« in Deutschland.

Blutige Feldzüge gegen Feinde oder ungehorsame Untertanen sind in den Augen der damaligen Elite noch nichts besonders Ehrenrühriges, es gehört halt zum Herrscherbusiness dazu. Aber dann macht sich Ulrich selbst die Hände schmutzig.

Der Hintergrund: Sabina von Bayern, die Ulrich 1511 mit so großem Pomp geheiratet hat, ist eine Frau, die von Zeitgenossen als groß und kräftig wie ein Mann beschrieben wird. Als Nichte des amtierenden Kaisers ist sie eine politisch mehr als lohnende Partie. Seine erotischen Bedürfnisse stillt Ulrich jedoch bei anderen Frauen, zum Beispiel bei Ursula Thumb von Neuburg, einer Schönheit, die nur einen Makel hat: Sie ist verheiratet. Und das auch noch mit einem der engsten Vertrauten Ulrichs, seinem Stallmeister Hans von Hutten.

Als die Affäre ruchbar wird, eskaliert die Situation. Hans von Hutten kommuniziert eine Geschichte, nach der Ulrich ihn auf Knien gebeten hat, »zu gestatten, das Er seine Eeliche Hausfrau liebhaben möge« (3). Damit gibt Hans ihn der Lächerlichkeit preis, für den jähzornigen Ulrich ein ungeheuerlicher Affront, der aus seinem Freund sofort einen Todfeind macht. Am 7. Mai 1515 schließlich kommt es zum blutigen Showdown im Schönbuch. Auf einer Jagd richtet es Ulrich ein, dass er und von Hutten sich von der Jagdgesellschaft absetzen. Ulrich hat seine Rüstung an, sein Gegenüber nur leichte Jagdbekleidung. Nach einem heftigen Wortwechsel zieht Ulrich sein Schwert und dringt auf seinen Stallmeister ein. Von Hutten hat nicht die Spur einer Chance, sieben Einstiche, dabei fünf feige von hinten, werden später an dem Leichnam gezählt.

Ulrich versucht gar nicht erst, die Tat zu vertuschen, so fest ist er davon überzeugt, ungeschoren davonzukommen. Er pocht auf Tatbestände wie Verrat und Treulosigkeit, schließlich ist er ja der Landesherr. Doch er hat überzogen. Und die Rechnung ohne den Wirt gemacht. Denn Ulrich von Hutten schaltet sich ein, ein wortgewaltiger Dichter und Humanist – und naher Verwandter von Hans. Er geißelt den hinterhältigen Mord aufs Heftigste und macht ihn damit öffentlich. Damit löst Ulrich von Hutten eine Kettenreaktion aus.

Die Folge: Erste Getreue wenden sich von dem Herzog ab oder kritisieren sein Verhalten, wie zum Beispiel der Tübinger Vogt Konrad Breuning. Da Ulrich nun als gewissenloser, über Leichen gehender Ehebrecher geoutet ist, reagiert auch seine Frau Sabina. Sie flüchtet vor ihrem Mann in ihre bayerische Heimat. Damit kann auch ihr Onkel, Kaiser Maximilian, die Sache nicht länger auf sich beruhen lassen. Er zitiert den Täter unter Androhung der Reichsacht vor ein Gericht. Ulrich ignoriert die Vorladung. Damit tritt die Acht in Kraft, Ulrich ist nun vogelfrei, jeder könnte ihn somit töten, ohne dafür belangt zu werden.

Doch Ulrich lenkt ein. Seine Getreuen handeln einen Kompromiss aus: Ulrich verzichtet für sechs Jahre auf seine Regentschaft zugunsten eines »Regiments« aus sieben Ulrich-nahen Mitgliedern, womit er seine Macht indirekt behält. Ferner bezahlt er eine hohe Geldstrafe zur Abfindung der Familie von Hutten.

In der Folge zeigt sich jedoch einmal mehr, was für ein mieser Charakter dieser Ulrich war. In seiner grenzenlosen Wut über die Sanktionen lässt er einige seiner hochgestellten Kritiker, meist Vögte oder Bürgermeister in bedeutenden Städten, verhaften und so lange foltern, bis sie gestehen, »Hochverrat« begangen zu haben. Danach lässt er sie hinrichten. Besonders empörend ist das Schicksal des 77-jährigen Konrad Breuning. Ulrich lässt den Tübinger Vogt, einen Mann, der ihm lange Zeit treu ergeben war, ein ganzes Jahr lang immer wieder foltern – so lange dauert es, bis der Greis unter den unvorstellbaren Martern zusammenbricht und »gesteht«. Danach wird er – trotz Widerruf seines Geständnisses – auf dem Stuttgarter Marktplatz öffentlich enthauptet.

Die nächste Tat: Als am 12. Januar 1519 Kaiser Maximilian stirbt, nutzt Ulrich die vier Monate lange Suche nach einem Nachfolger, um sein Einflussgebiet zu vergrößern – mit einem mehr als durchsichtigen Vorwand. In der von ihm unabhängigen freien Reichsstadt Reutlingen ist bei einer Kneipenschlägerei einer seiner Dienstleute ums Leben gekommen – als liebevoll und selbstlos für seine Untertanen sorgender Landesherr muss er das natürlich umgehend rächen, oder? Und so belagert er Reutlingen und besetzt es.

Als er weiterhin Söldner anwirbt und sein Heer aufrüstet, reagiert der kaisertreue »Schwäbische Bund«, ein Zusammenschluss aus einigen freien Städten, Ritter- und Adelsgeschlechtern des Südens, Südwestens und Tirols. Dieses Bündnis erklärt Ulrich nun den Krieg und zieht mit einem Riesenheer auf, dem Ulrich nichts entgegenzusetzen hat. Er wird verbannt und Württemberg danach durch den neuen Kaiser Karl V. dem Haus Habsburg unterstellt.

An diesem Punkt setzt die Handlung von Wilhelm Hauffs »Lichtenstein« ein. Was bis dahin geschah, Mord, Verschwendungssucht, Verbrechen gegen die Menschlichkeit – im Hauff'schen Rückblick klingt das völlig anders:

Ulrich? Eigentlich ganz okay, das Problem waren halt seine Amtsleute, die in die eigenen Taschen wirtschafteten.

Ulrichs Frau Sabina? Ein zänkisches Weib.

Das Mordopfer Hans von Hutten? Hatte wohl was mit ihr ...

Und der Kaiser? Ein missgünstiger Kerl.

Kurz: Alles irgendwie dumm gelaufen für Ulrich. Und dann noch »das Jahr 1519, in das unsere Sage fällt ... es ist der Anfang seines Unglücks. Doch darf die Nachwelt sagen, es war der Anfang seines Glücks. War ja doch die lange Verbannung ein läuterndes Feuer, woraus er weise und kräftiger als je hervorging ...« (4). Nein, hier ist nicht von Nelson Mandela und seiner Haft auf Robben Island die Rede! Einen Mann

Herzog Ulrich von Württemberg: ebenso brutal wie verschwendungssüchtig.

mit einem solchen Vorleben wie Ulrich von Württemberg zum Vorkämpfer für eine gerechte Sache zu machen, das ist so, als würde man heutzutage eine launige Laudatio auf Saddam Hussein oder Slobodan Milošević halten.

Bei Hauff ist Ulrich nach seiner Verbannung in die Nebelhöhle auf der Schwäbischen Alb geflüchtet und wird von den Bewohnern der nahen Burg Lichtenstein versorgt. Lichtenstein, kühn auf einem Felsen am Albtrauf hoch über dem Echaztal gelegen, ist im Roman schlossartig und mit seinen Türmchen, Zinnen und Zugbrücken der Inbegriff eines märchenhaft verwunschenen Gemäuers.

Und in ihm lebt Marie von Lichtenstein, der Schatz von Georg von Sturmfeder, dem Hauptdarsteller des Romans. Georg verschlägt es bei einem Besuch in die Nebelhöhle, wo er auf den Höhlenbewohner stößt, von dem er zwar weiß, dass es ein Geächteter, aber nicht, dass es Ulrich himself ist, der mit großer Geste auf die düsteren, kalktriefenden Höhlenwände weist: »Über was soll ich klagen? ... Wohne ich hier nicht, wie Fürsten selten wohnen? Habt ihr meine Hallen gesehen und die weiten Säle meines Palastes? Glänzen nicht ihre Wände wie Silber? Wölben sich die Decken nicht wie aus Perlen und Diamanten zusammen gesetzt?« (5). Keine Frage, so spricht kein flüchtiger Tyrann, der zwischen Rachedurst und Selbstmitleid hin- und hergerissen ist, so spricht ein abgeklärter Lebenskünstler, der mit sich selbst absolut im Reinen ist.

In der wirklichen Welt versucht der abgetauchte Ulrich alles, um sein Land zurückzuerobern. In greifbare Nähe rückt dieses Ziel, als sich im deutschen Bauernkrieg von 1525 die Hegauer Bauern gegen ihre Landesherren erheben, die allesamt im »Schwäbischen Bund«, Ulrichs Lieblingsfeind, organisiert sind. Ulrich wirbt trotz seiner finanziellen Klemme Schweizer Söldner an, verbündet sich mit dem Hegauer Bauernhaufen und zieht bis nach Stuttgart. Doch das überlegene Heer des Schwäbischen Bundes, angeführt von dem »Bauernjörg« genannten Georg von Waldburg, zwingt ihn zum Rückzug, Ulrich zieht sich für die nächsten neun Jahre auf die Festung Hohentwiel zurück.

Doch dann wendet sich das Blatt, er beginnt in den religionspolitischen Machtspielchen der Herrscher plötzlich wieder interessant zu werden, weil er inzwischen Protestant geworden ist – das Postengeschacher hat etwas von der Szene in einem amerikanischen Geheimdienstthriller, in der ein Agent über den korrupten Herr-

Das Wilhelm-Hauff-Denkmal beim heutigen Schloss Lichtenstein am Albtrauf.

scher einer Bananenrepublik sagt: »Okay, er ist vielleicht ein Hurensohn, aber er ist *unser* Hurensohn.« 1534 zieht Ulrich wieder als Herzog von Württemberg in Stuttgart ein, sparsamer ist er nicht geworden, aber er setzt im Land die Reformation durch. 16 Jahre später, im November 1550, stirbt er.

276 Jahre später wird Wilhelm Hauffs geschöntes Tyrannenlob »Lichtenstein« – gleich nach seinem Erscheinen im April 1826 – zum Bestseller. Auf einen Schlag ist der junge Mann berühmt und wird als deutscher Walter Scott (»Ivanhoe«) gefeiert. Hauff gibt seine Hauslehrertätigkeit auf und will nur noch schreiben – aber es ruht kein Segen auf dieser Karriere. Im August 1827 unternimmt er eine Recherchereise nach Tirol, um Material für seinen geplanten Roman über Andreas Hofer zu sammeln – und infiziert sich dort mit Typhus. Todkrank kehrt er nach Stuttgart zurück, wo er am 18. November stirbt – mit knapp 25 Jahren, zwei Tage nach der Geburt seiner Tochter.

Was blieb, war der Hype um seinen Roman. An der Stelle der verfallenen Burg Lichtenstein stand seit 1802 ein Forst- und Jagdhaus der württembergischen Königsfamilie. Ein Cousin des Königs, Wilhelm Graf von Württemberg, war von »Lichtenstein« so begeistert, dass er beschloss, die Burg, so wie sie im Buch fiktiv beschrieben war, dort neu aufbauen zu lassen. 1842 war das Gebäude, ein Zuckerbäckerwerk im Stil der Neugotik, fertig – 16 Jahre, nachdem es Wilhelm Hauffs Roman berühmt gemacht hatte.

Zitate:

(1) Dieter Breuers, Versklavt und verraten, Bergisch-Gladbach 2005
(2) zitiert nach: Werner Frasch, Ulrich von Württemberg, Stuttgart 2011, S. 59
(3) ebenda
(4) Wilhelm Hauff, Lichtenstein, Stuttgart 1905, S. 10
(5) ebenda, S. 188

Rheinbegradigung: Wie ein Badener Teile Deutschlands französisch machte – und umgekehrt

Um die Tragweite dieser Geschichte vollumfänglich nachvollziehen zu können, sollten Sie sich einen Moment lang vorstellen, Sie würden im oberpfälzischen Daberg nahe der tschechischen Grenze leben.

Sie, liebe Leserin, sind langjähriges engagiertes Mitglied der CSU und wurden bereits mehrfach in den Kreistag im 27 Kilometer entfernten Cham gewählt. Und Sie, lieber Leser, sind a) Lehrer an der örtlichen Grundschule und b) leidenschaftlicher Bayer, der zurzeit gerade dabei ist, die »Schuhplattler- und Fingerhakel-Ortsgruppe Daberg« aufzubauen.

Eines Tages flattert Ihnen ein amtliches Schreiben ins Haus. Darin wird mitgeteilt, dass im Zuge einer längst überfälligen Grenzbegradigung Daberg künftig dem tschechischen Staatsgebiet angehören wird. Bitte ... WAS? Nachdem Sie sich mehrfach gekniffen haben, um sich zu überzeugen, dass Sie nicht träumen, beginnt es in Ihrem Gehirn zu arbeiten, nach und nach werden Ihnen die Konsequenzen klar. Was geschieht nun mit Ihrem politischen Engagement, liebe Leserin? Werden Sie von der CSU in die »Křesťanská a demokratická unie – Československá strana lidová« wechseln, das tschechische Pendant der Christsozialen?

Und bei Ihnen, lieber Leser, ist künftig nicht mehr das bayerische Kultusministerium in München für Ihre Lehrpläne zuständig, sondern das »Ministerstvo školství, mládeže a tělovýchovy České republiky« in Prag. Werden Sie künftig in tschechischer Sprache unterrichten müssen? Und überhaupt: Haben Tschechen etwas mit Schuhplatteln und Fingerhakeln am Hut?

Fragen über Fragen. Aber sie verdeutlichen, welche massiven Irritationen – auf der anderen Seite Deutschlands – die Eigenheiten des Rheins ausgelöst haben müssen, bevor ein badischer Wasserbauingenieur Anfang des 19. Jahrhunderts Hand an ihn legte. Die Situation davor beschreibt am besten die Klage eines Straßburger Ingenieurs von damals: »Alle sind sich darin einig, dass alle Grenzen so fest und unveränderlich wie möglich sein sollten; doch was ist veränderlicher als die Mitte des Rheins ...? Der Rhein ändert seinen Lauf jedes Jahr, manchmal zwei- und dreimal. Mit dem Hochwasser ist eine Insel oder eine Gemeinde, die im Frühjahr noch französisch war, im folgenden Winter deutsch, und zwei oder drei Jahre später wird sie wieder französisch.«

Fließende Grenzen! Landstriche, die mal deutsch und gleich darauf wieder französisch waren, das ging gar nicht – Parbleu! Beziehungsweise: Schockschwerenot! Schließlich handelte es sich trotz zwischenzeitlicher Annäherungen um »Erbfeinde«, es mussten erst noch drei große Kriege kommen, bis diese beiden Länder 1963 einen Freundschaftsvertrag unterschrieben.

Um sich den Rhein in seinem ursprünglichen Zustand vorstellen zu können, wird immer wieder gern das Bild des Schweizer Malers Peter Birmann (1758–1844)

Die Gegend um Istein früher und heute: Wenn man auf die Dorfkirche schaut, sieht man, wie viel Neuland durch Tulla gewonnen wurde.

bemüht, »Blick vom Isteiner Klotz rheinaufwärts gegen Basel«. Es zeigt den oberen Teil des Rheins vor seiner Begradigung – man glaubt, den Amazonas vor sich zu sehen. Ein Gewirr aus Flussarmen, die sich ständig neue Wege suchten und nicht selten im Nichts endeten, Sandbänke, die sich nach jedem Schneeschmelze- oder Sommerhochwasser woanders wiederfanden, dann plötzlich wieder rasante Stromschnellen, und immer wieder wurden ganze Dörfer von den unberechenbaren Was-

Johann Gottfried Tulla auf einer Plakette am Tullaturm in Breisach am Rhein.

Gedenktafel an Tullas Grab auf dem Pariser Friedhof Montmartre.

sermassen einfach weggespült – kurz: In diesem Auenwald-Dschungel kannten sich allenfalls einheimische Fischer aus, an einen geordneten Personen- oder Warenverkehr per Schiff war in diesem chaotischen Durcheinander nicht zu denken.

Ab Basel ging das ungefähr 170 Kilometer so, dann, nach der Einmündung der Murg bei Rastatt, änderte der Fluss seinen Charakter: Er mäandrierte. Statt in viele einzelne Arme verzweigt, strömte das Wasser nun in einem breiteren Bett, allerdings in weiten Schlingen. Man konnte, wenn man mit dem Boot unterwegs war, an manchen Stellen sehen, wo man in einer Stunde sein würde. Vorher galt es allerdings erst einmal einen weiten Bogen in die eine und dann einen U-Turn in die andere Richtung zu machen. Sechs bis acht Tage dauerte es auf diese Weise, um zum Beispiel von Straßburg nach Mainz zu kommen, in umgekehrter Richtung – gegen den Strom – musste man gar 20 bis 30 Tage veranschlagen. »O Herr, gib mir Geduld! Aber beeil dich!!«, mag da der eine oder andere angesichts dieses Slalomkurses geseufzt haben.

Hinter Mainz wird der Ober- dann zum Mittelrhein, der sich – die Loreley lässt grüßen – zwischen Hunsrück, Eifel, Taunus, Westerwald und Siebengebirge hindurchzwängt, hinter Köln schließlich beginnt der Niederrhein, der sich dann in Holland in die Nordsee ergießt – nach insgesamt 1233 Kilometern ab Quelle. Heute. 1817, als der 47 Jahre alte Wasserbauingenieur Johann Gottfried Tulla in Karlsruhe zum Leiter der »Oberdirektion des Wasser- und Straßenbaus im Großherzogtum Baden« ernannt wurde, war er noch um 81 Kilometer länger. Wegen der vielen Schlingen.

Weil er ebendies ändern wollte, bekam Tulla den Spitzenjob. Bereits 1809 hatte er einen Plan dafür vorgelegt. Mittels sogenannter »Durchstiche« wollte er Abkürzungen zwischen den weiten Flussschlingen schaffen. Das Geniale daran war, dass er gleich noch die Idee mitlieferte, wer die Hauptarbeit zu leisten hatte: der Fluss selbst, durch seine Erosionskräfte. Die »Durchstiche« sollten lediglich schmale Kanäle sein, der Rhein würde sie durch seine starke Strömung und hohe Fließgeschwindigkeit so lange vertiefen und verbreitern, bis der Fluss sein ihm angemessenes Bett hätte. Die großen Flächen der früheren Schleifen sollten zu fruchtbarem Ackerland werden – so Tullas Plan.

Im Frühjahr 1817 ging es in Knielingen bei Karlsruhe los – Bäume wurden gefällt, der Verbindungsgraben wurde von rund 3000 Arbeitern von Hand mit Hacke, Spaten und Schaufel ausgehoben, eine riesige Baustelle entstand. Doch hier zeigte sich bereits die Ambivalenz des Vorhabens. Auf der einen Seite war Tulla, ein Kind der Aufklärung, der Ansicht, dass der Einsatz von Häftlingen oder Fronarbeitern kontraproduktiv wäre, weil die Leute ihre Arbeit nur widerwillig und deshalb fehlerhaft verrichten würden. Von Anfang an setzte er deshalb auf ordentlich bezahlte

Arbeitskräfte. Die andere Seite: Als zum Beispiel die Knielinger gegen das Projekt protestierten und die Baustelle stürmten, weil sie – wie sich zeigen wird: zu Recht! – um ihre Fischbestände fürchteten, ließ Tulla kurzerhand Militär aufmarschieren und den Widerstand mit Waffengewalt brechen. Für Diskussionen mit Kritikern fehlten ihm sowohl Verständnis als auch Geduld. »Sein Ton war wie immer selbstbewusst und abschätzig gegenüber jenen, die sich weigerten, das Offensichtliche zur Kenntnis zu nehmen. Es war die Stimme des deutschen Staatsdieners, verständnislos gegenüber sozialen Konflikten, und die Stimme des eifernden Technokraten«, urteilt David Blackbourn in seinem Buch »Die Eroberung der Natur«. (1)

Kurz zur Dimension der »Rektifikation«, wie die Rheinbegradigung unter Experten bezeichnet wurde: Es mussten ja nicht allein die Verbindungsgräben zwischen den Schlingen hergestellt werden, es musste auch das neue Bett, das sich der Rhein graben würde, erst noch gebaut werden. Das heißt: Links und rechts des erwarteten Flussbetts mussten später noch hohe Dämme errichtet werden, in deren Innerstem Tausende Baumstämme für Festigkeit sorgten. Die Rheinbegradigung wurde so zu einem der größten Bauprojekte in der deutschen Geschichte – ein Superlativ, der noch heute Gültigkeit hat: Der Potsdamer Platz oder der Berliner Flughafen sind Peanuts dagegen.

Doch das ist nur die bauliche Seite. Weitaus komplizierter war die Planung samt – wie man heute sagen würde – »Technikfolgenabschätzung«. Da der Fluss durch die Durchstiche kürzer würde, wäre seine Fließgeschwindigkeit höher. Was bedeutete das aber in der Konsequenz? Würde er auf der Höhe von Koblenz, Bonn oder Köln zum reißenden Strom werden? Und was würde er an Geröll und Schlamm mit sich bringen? Und vielleicht woanders ablagern? Und würde all dies weiter flussabwärts vielleicht zu verheerenden Hochwassern führen, in Gegenden, in denen man bislang verschont geblieben war?

Überall am Fluss, bis tief in die Niederlande hinein, wurden solche Fragen gestellt. Und auf sie alle musste Tulla befriedigende Antworten geben können, und zwar noch bevor der erste Spatenstich getan wurde.

18 solcher Durchstiche mussten am Oberrhein gegraben werden. Nachdem die ersten Abkürzungen fertig waren, begann 1840 die Begradigung des amazonasgleichen Abschnitts flussaufwärts, zwischen Basel und der Lautermündung bei Neuburg. 2200 Inseln im Rhein waren dabei zu beseitigen.

Obwohl die Arbeiten eigentlich nie aufgehört haben – bestimmte Stellen müssen bis heute ständig ausgebaggert werden –, kann man mit dem Jahr 1876 von so etwas wie einem vorläufigen Ende sprechen. Das Tragische: Tulla war da schon fast ein halbes Jahrhundert tot. Er hatte bereits seit vielen Jahren an Blasensteinen gelitten, im November 1827 reiste der 57-Jährige deshalb zu einem Spezialisten nach Paris. Doch sein Zustand verschlechterte sich dort ständig, am 27. März 1828 starb Johann Gottfried Tulla, er wurde auf dem Friedhof Montmartre begraben.

Trotz seines frühen Todes ist er bis heute der »Bändiger des wilden Rheins« geblieben. Er hatte eben das große Glück gehabt, mit seinen Plänen in die richtige Zeit hineingeboren worden zu sein. Dass er überhaupt einen ersten Spatenstich setzen konnte, hatte er vor allem einem Mann zu verdanken: Napoleon Bonaparte. Der saß bei Baubeginn zwar schon seit zwei Jahren in Verbannung auf St. Helena, doch das Projekt profitierte von dem Umstand, dass der Franzose Europa neu geordnet hatte. So hatte er zum Beispiel rechts des Rheins ab 1803 einen Flickenteppich beseitigt und eine Vielzahl kleiner Fürstentümer, geistliche Gebiete, Gebiete Vorderösterreichs und einige Reichsstädte einer kleinen Markgrafschaft zugeschlagen und daraus das Großherzogtum Baden gemacht. Das war deshalb für das Rheinprojekt von entscheidender Bedeutung gewesen, weil der neue Lauf des Rheins dazu führte, dass Gelände, das früher rechtsrheinisch (deutsch) war, nun definitiv linksrheinisch (französisch) wurde – und umgekehrt. Vor Napoleon hätte man solche komplexen Territorialfragen mit einer Unzahl von Miniherrschern verhandeln müssen, von denen jeder seine Spezialinteressen verfolgt hätte, jetzt saßen in Sachen Oberrhein nur noch jeweils zwei am Tisch.

Fazit 1: Die Rheinbegradigung hat viel Positives gebracht. Die verheerenden Hochwasser blieben aus, links und rechts des Flusses konnte viel neues Land für die Landwirtschaft gewonnen werden, der Schiffstransport – und mit ihm die Ansiedlung von Industriebetrieben – erlebte einen Aufschwung.

Und nicht zu vergessen: Das Leben am Rhein wurde gesünder. Die sumpfigen Auen waren ein Paradies für alle möglichen Arten von Stechmücken gewesen, darunter auch die berüchtigte Anophelesmücke, deren Stich den Malaria-Erreger übertragen kann. Um nur ein Opfer zu nennen: Friedrich Schiller erkrankte 1783 daran, nach seiner Flucht aus Stuttgart ins liberalere Mannheim. Schiller litt bis zu seinem Tod an den Folgen. Die Rheinauen waren auch die Brutstätten von Ruhr- oder Typhusepidemien mit Tausenden Todesopfern.

Fazit 2: Die Rheinbegradigung hat viel Negatives gebracht. Denn Tullas Rheinprojekt zerstörte eine riesige Naturlandschaft: Rund 85 Prozent der Oberrheinauen gingen verloren, mit ihnen zigtausende Bäume, Buschzonen und Feuchtwiesen, samt den dazugehörenden Tieren – so waren zum Beispiel die Laichplätze für Lachs, Stör, Alse und Neunauge zerstört, eine Entwicklung, die die Knielinger mit ihrem Protest 1817 vorausgeahnt hatten.

Darüber hinaus grub sich der Rhein tiefer in sein Bett als prognostiziert, mit der Folge, dass links und rechts des Flusses die Grundwasserspiegel mitsanken. Gut, die Hochwasserkatastrophen am Oberrhein nahmen ab, allerdings: Sie verlagerten sich nur weiter flussabwärts, nun durften die Koblenzer, Bonner oder Kölner in schöner Regelmäßigkeit ihre Keller auspumpen. Sollte heute ein solches Projekt durchgezogen werden, würden Naturschützer und Umweltaktivisten dagegen pausenlos Sturm laufen.

Der Rhein wurde eben damals nur als Verkehrsweg betrachtet und nicht als Ökosystem. Bis allerdings holländischer Hering bis hinauf nach Basel und Schweizer Emmentaler bis hinunter nach Rotterdam geschifft werden konnten, mussten noch ein paar weitere Schwierigkeiten beseitigt werden. So wurde, um das Gefälle und damit die Strömungsgeschwindigkeit zu regulieren, der Oberrhein mit einem ganzen System von Schleusen ausgerüstet. Schließlich hat er dort den größten Höhenunterschied zu überwinden: In Basel liegt das Rheinbett noch auf etwa 245 Meter über dem Meeresspiegel, 180 Rheinkilometer weiter unten, bei Neuburgweier, bereits auf 105 Meter. Diese Höhendifferenz wird in 12 »Fallstufen« überwunden, an denen das Wasser mit den Schiffen in Schleusenkammern bis zu 15 Meter angehoben oder abgesenkt wird.

Mindestens ebenso aufwendig war es, für freie Fahrt auf dem Fluss zu sorgen. Denn das wurde zuvor dank der vielen größeren, kleineren und sehr kleinen Herrschaftsgebiete an den Ufern effizient verhindert. So gab es im Jahr 1794 allein zwischen dem nördlich von Karlsruhe gelegenen Germersheim und Rotterdam 53 Zoll-

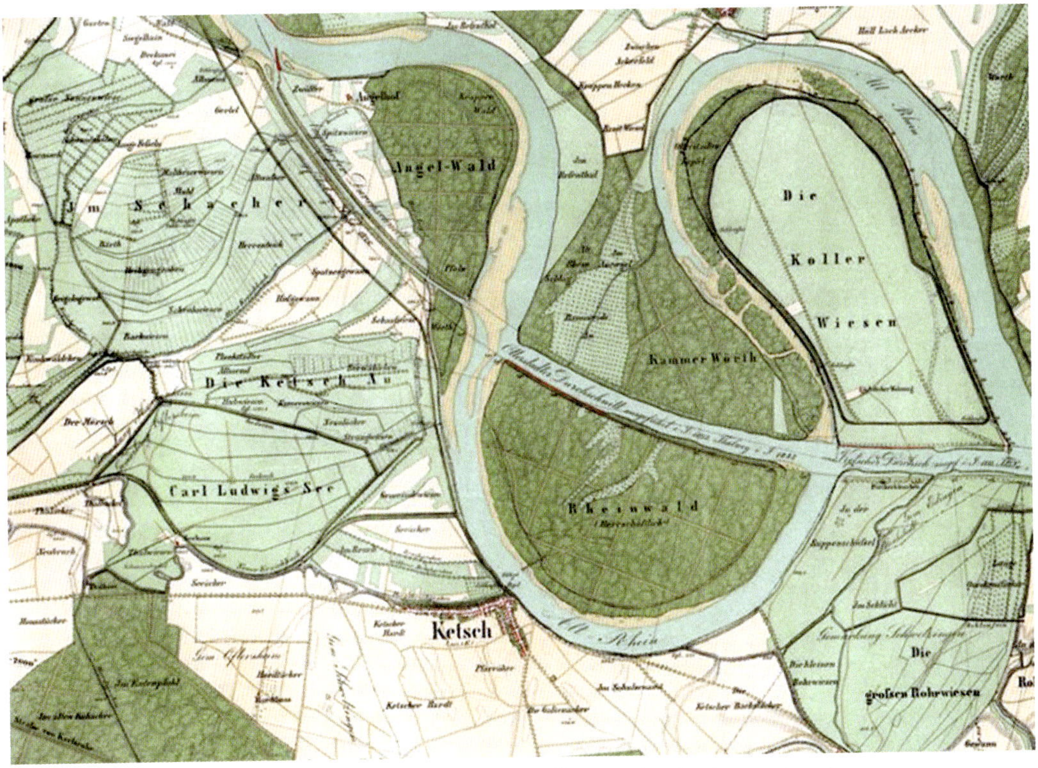

So wie hier bei Ketsch wurden ganze Schlingen des Flusses durch einen schmalen Durchstich stillgelegt.

stellen – rein mathematisch musste man als Skipper alle 12 Kilometer anlegen, Laderaum checken lassen, Zoll bezahlen. Freier Handel sieht anders aus.

Dazu gab es noch solche Gemeinheiten wie das »Stapelrecht«. In Köln oder Mainz wurden die Handelsschiffer gezwungen, ihre Waren abzuladen, zu »stapeln«, und an Interessierte zu verkaufen – »Feilbietungszwang« nannte sich diese Praxis, die dazu führen konnte, dass der eigentliche Adressat der Ware, der weiter flussaufwärts lebte, nur einen Bruchteil seiner Bestellung oder im schlimmsten Fall gar nichts erhielt. Dazu verlangten diese Städte mit »Stapelrecht« Gebühren für so ziemlich alles: Abladen, Transport zum Markt, für die allfällige Qualitätsprüfung – kurz: Es war eine Gelddruckmaschine, die alles teurer machte.

Erst 1831, 14 Jahre nach Tullas Baubeginn und drei Jahre nach seinem Tod, wurden diese Handels- und Beförderungshemmnisse durch die »Rheinschifffahrtsakte« beseitigt. Wenn Sie heute die »Rheinromantik«-Flusskreuzfahrt ab Basel buchen, sind Sie am Morgen des fünften Tags bereits in Rotterdam. Und haben dazwischen noch Straßburg, Mannheim, Düsseldorf und das unvermeidliche Rüdesheim besichtigt. Vor Tulla wären da gut und gern mehrere Wochen ins Land gegangen. Dafür fahren Sie aber heute auf einem seelenlosen Kanal. Wem das zu langweilig sein sollte, der sollte besser auf eine Amazonas-Kreuzfahrt umbuchen. Der Anreiseweg ist dann halt etwas länger ...

Zitat: (1) David Blackbourn, Die Eroberung der Natur, München 2007, S. 125

»Rulaman«: Erdgeschichte im Gewand eines Steinzeit-Thrillers

Drei Bücher, so sagt der Volksmund, bilden den Grundstock einer jeden schwäbischen Hausbibliothek: die Bibel, das Sparbuch und der »Rulaman«. Damit ist über das drittgenannte Buch schon etwas Wesentliches gesagt: Es ist das, was man einen Megaseller nennt, erschienen 1878. Das Geheimnis seines Erfolgs: Der Autor, ein bedeutender Forschungsreisender seiner Zeit, hatte das ganze damalige Wissen der Naturwissenschaften in eine Romanhandlung gesteckt, die in grauer Vorzeit spielt.

Es war vor tausend und abertausend Jahren. Die Eiszeit war an ihrem Ende, die Erde wieder wärmer, die Sonne mächtiger geworden. Aber noch war unser Deutschland ein unwirtliches Land; denn noch herrschte die wilde Natur allerorten, und der damalige Mensch, der Höhlenmensch, griff in sie kaum anders ein als das Raubtier, mit dem er kämpfte. (1)

David Friedrich Weinland (1829–1915), in Grabenstetten auf der Schwäbischen Alb in eine große Pfarrersfamilie hineingeboren, erkannte schon als Kind jeden Vogel seiner Heimat am Gesang. Diese Naturbegeisterung hielt an, sodass er trotz seines Theologie-Abschlusses in Tübingen in die Naturwissenschaft wechselte und zunächst als Assistent am Zoologischen Museum in Berlin arbeitete. Anschließend wechselte er nach Harvard und forschte dort im Museum für Vergleichende Zoologie. In dieser Zeit unternahm Weinland ausgedehnte Forschungsreisen nach Kanada, Mexiko und in die Karibik. Besonders intensiv erforschte er in Haiti die karibische Meereswelt. Dabei entdeckte er als Erster die später nach ihm benannte »Anthea gigantea Weinland«, eine Seeanemone mit dem umgangssprachlichen Namen »Karibische Goldrose«, noch heute in jedem gut sortierten Aquariumszubehörshop erhältlich.

Auch in der deutschen Heimat registrierte man die Erfolge des jungen Wissenschaftlers mit großem Interesse und überlegte, wie man das Talent wieder zurücklocken könnte. Und so machte man ihm 1859 ein Angebot, das er nicht ablehnen konnte: Er wurde zum Direktor des gerade frisch gegründeten Frankfurter Zoologischen Gartens berufen.

Ein hartnäckiges Halsleiden zwang Weinland jedoch, den Traumjob in Frankfurt bald aufzugeben. Er kehrte nach Württemberg zurück, wo er auf dem väterlichen Hofgut Hohenwittlingen bei Urach seine zweite Karriere als Schriftsteller startete – zunächst völlig ungeplant. Denn das Ehepaar Weinland hatte vier Söhne und es war Weinlands väterliches Bedürfnis, mit den Jungs die Wälder, Heiden und Höhlen der Schwäbischen Alb zu erkunden und seinen Söhnen die erdgeschichtliche Bedeutung dieser rauen Landschaft klarzumachen. Nun weiß ja jeder, der schon einmal bei einem wissenschaftlichen Vortrag gegen ein spontanes Schlafbedürfnis ankämpfen musste, wie schwierig Wissensvermittlung besonders von komplexen

Der Hohenneuffen: in Weinlands Roman das Domizil der »Kalats«, der Kelten.

Sachverhalten sein kann. Deshalb griff Weinland zu einer Strategie, die noch heute als »Storytelling« bekannt und hocherfolgreich ist: Man packt die trockenen Fakten einfach in eine spannende Geschichte – »hinterrücks bilden« ist ein schöner Begriff für diese Methode. Jeden Abend erzählte Weinland den Buben vor dem Einschlafen eine Passage aus dem Leben eines Steinzeitjungen:

In dieser alten Zeit war es, da sehen wir im Geiste an einem warmen Frühsommer-Nachmittag auf dem freien, sonnigen Platz vor dem Eingang einer unserer Albhöhlen, die jetzt einsam und verlassen im Waldesdüster verborgen liegt, ein lustiges, munteres Treiben. Nackte gelbbraune Kinder mit schwarzen struppigen Haaren kollern auf dem weichen Grasboden herum. Auf einem jungen Bären reitet ein mutwilliger Knabe und schlägt mit einem Tannenzweig auf ihn los, während ein anderer ihn an einer Waldrebe, die er um seinen Hals geschlungen hat, vorwärts zerrt. Dort liegt ein zahmer Wolf; daneben ein etwa vierzehnjähriger Junge, der ihm Kopf und Nacken streichelt, während das Tier ihm gutmütig das Gesicht leckt. (2)

Der etwa vierzehnjährige Junge mit dem jungen Wolf ist Rulaman, Sohn von Rul, dem Häuptling der »Aimats«, einem steinzeitlichen Stamm von Jägern und Sammlern. Nun war einem welterfahrenen Mann wie Weinland natürlich klar, dass das Kuscheln mit herzigen Tierbabys vor allem bei Jungs im Alter seiner Söhne nur auf mäßiges Interesse stoßen würde. Das hieß: In die Story musste zwingend Thrill rein, Action. Zum Beispiel der Kampf gegen den Höhlenlöwen, den gefürchteten »Burria«.

Da plötzlich hörte man ein donnerähnliches Gebrüll, das schauerlich aus der Waldschlucht herauftönte, und gleich darauf den herzerschütternden Angstschrei eines Menschen. »Mein Vater, mein Vater!« schrie Rulaman erschreckt, glitt blitzschnell vom Baum herab, ergriff Steinaxt und Bogen und rannte hinunter in die Schlucht ... Kaum war der Knabe einige hundert Schritte das felsige Rieß hinabgestürzt, erblickte er zwei von den Männern, die seinem Vater gefolgt waren, atemlos den Berg herauf ihm entgegenrennend.

Der Romanheld in Aktion: Originalillustration aus dem »Rulaman«.

Die Schillerhöhle bei Hohenwittlingen: Rulamans »Tulkahöhle«.

Schon von fern riefen sie ihm zu: »Zurück! der Burria, der Burria!« Aber er hörte nicht. Kampfwütig und voll Angst um seinen Vater stürzte der Knabe weiter. Schon nach wenigen Schritten sah er links vom Bach am Fuß einer hohen, senkrechten Felswand das Ungetüm, mit Pfeilen bespickt, aber noch fest aufrechtstehend, und unter seinen Vordertatzen einen Mann, regungslos, wie tot, in der rechten, hochgehobenen Hand eine Steinaxt. Er erblickte den weißen Wolfspelz. Es war sein Vater. Wie ein Falke auf seine Beute schoß er in langen Sätzen den Rain hinauf und war zur Stelle neben dem Löwen ...

»Rulaba, Rulaba!« schrie und schluchzte der Knabe, und dabei schlug er auch schon wütend in wahnsinniger Verzweiflung mit seiner kleinen Feuersteinaxt von der rechten Seite her nach den Schläfen des Tieres, die er eben erreichen konnte, denn so hoch war das Ungeheuer.

Brummend schüttelte dieses seinen buschigen Kopf. Als der brave Junge nicht nachließ, drehte es sich plötzlich um und hieb nach ihm mit der breiten Tatze, wie um eine Fliege abzuwehren. Doch vergeblich. Denn schon war Rulaman unter dem Löwen hindurch nach der anderen Seite geschlüpft.

Bei der Bewegung des Tieres war der alte Rul, auf dessen Brust die rechte Pratze des Löwen gestanden hatte, frei geworden. Im Nu raffte er sich auf. Mit zerrissener Schulter, über und über mit Blut bedeckt, sprang er nach links, packte seinen Knaben mit dem linken Arm und rannte vorwärts der Felswand entlang, einem Gebüsch zu. Im gleichen Augenblick sauste schwirrend ein Pfeil vom Baum herab, dem Löwen in den Hals. Denn nur darauf, wann er endlich ohne Gefahr für den Bruder schießen konnte, hatte der Mann auf dem Baum gewartet. Diesmal schien der Löwe gut getroffen; er brüllte fürchterlich, zitterte am ganzen Leib, ein Blutstrom stürzte aus seinem Rachen und er sank röchelnd in die Knie. Dann überschlug er sich dreimal und kollerte endlich, eine Menge Steingeröll mit sich wälzend, den kleinen Rain hinab in den Bach. (3)

Durchatmen! Und Kräfte sammeln für die nächsten Abenteuer. Ein Höhlenbär muss noch besiegt werden, ein Rudel Wölfe fällt über Rulaman her und auch die Jagd auf das riesige Mammut geht unter die Haut. Daneben noch Kämpfe mit verfeindeten Stämmen und ausgedehnte Fischfangzüge, die bis hinunter zu den Pfahlbauten des »Somsees«, des Federsees, führen. Aber Gott sei Dank ist nicht jeder Tag im Leben der »Aimats« so aufregend, es kann durchaus geruhsam zugehen in Rulamans »Tulka«-Höhle:

Während des Sommers diente die innere Höhle nur für die Nachtruhe. Den ganzen Tag über, von Sonnenaufgang bis Sonnenuntergang, war man draußen. Anders im Winter, wo diese eben nicht kleine Gesellschaft oft mehrere Wochen lang Tag und Nacht hier lebte …

Nun ist es nicht schwer, sich eine Vorstellung von dem bunten Gewimmel der Menschen und Tiere in der Höhle zu machen. Da sitzt eine Gruppe von Weibern beim Feuer, die mit dem Beinpfriemen, mit Tiersehnen als Faden, an Fellen nähen … daneben sind einige junge Mädchen eifrig beschäftigt, das lange, schwarze Haar mit großen Kämmen zu strählen … hier wälzen sich lachende kleine Kinder mit jungen Wölfen und Bären auf dicken Fellen behaglich am Boden herum … dort stehen einige Männer und erzählen sich ihre Jagdabenteuer, während andere an Feuersteinen klopfen, Wurfspieße und Pfeilschäfte glätten oder Renntiergeweihe schaben … in einer Ecke aber sitzt die alte Parre und erzählt älteren Knaben und Mädchen grausige Geschichten aus alter Zeit: von bösen Männern, die in Eulen, von bösen Weibern, die in Fledermäuse verwandelt worden waren, was die Baum- und Felsengeister bei Nacht treiben, wo die Stürme herkommen und der Blitz und der Donner; wie man die Giftschlangen fange, ohne gebissen zu werden, was man tun müsse, wenn man gebissen sei, und wie man das Blut und den Schmerz bei Verwundungen stille. (4)

Das war die zweite – im heutigen TV-Doku-Business immer noch gebräuchliche – Technik, die Weinland nutzte, um seine Buben an den Haken zu nehmen: »Re-Enactment«, das Nach-Inszenieren von historischen Begebenheiten in der Originalkulisse. Den Schauplatz »Tulkahöhle« kannten die Weinlands dabei bestens. Denn unter dem Hofgut Hohenwittlingen zog sich die 245 Meter lange Schillerhöhle durch, wo zur Zeit Weinlands Tierknochen und menschliche Schädel gefunden worden waren, Funde, die belegten, dass die Höhle in der Urzeit tatsächlich von Menschen genutzt worden war.

Noch eine weitere Höhle in unmittelbarer Umgebung des Weinland'schen Hauses spielt im »Rulaman« eine wichtige Rolle: das Steffelsloch, eine durch Dickicht verdeckte, schwer zu erreichende Höhle in einer Steilwand hoch über Bad Urach. Die »Staffahöhle« – wie sie im Roman heißt – ist der Rückzugsort der Aimats in Notsituationen. Zum Beispiel, als plötzlich Fremde im Jagdgebiet des Stammes auftauchen. Es sind die »Kalats«, die Kelten, ein Stamm, der den Aimats technologisch und kulturell haushoch überlegen ist. So sind sie bereits in der Lage, Waffen und Schutzschilde aus Metall herzustellen, gegen die die Steinbeile und Holzpfeile der Aimats wenig ausrichten können. Eine Zeitlang sieht alles nach friedlicher Koexistenz zwischen den so unterschiedlichen Kulturen aus, man trifft sich, treibt Handel miteinander oder geht gemeinsam auf die Jagd, wo Rulaman den Kalatjungen Kando und dessen Schwester Welda kennenlernt – die drei Teenies werden Freunde.

Doch im Hintergrund – in den Hinterköpfen der Stammesführer – schwelt das gegenseitige Misstrauen weiter, bei einem Opferfest der Kalats, die sich auf dem Nufaberg, dem Neuffen, niedergelassen haben, eskaliert das Ganze schließlich. Ein Aimatmädchen ist von einem Kalat entführt und anschließend von einem Aimat wieder befreit worden, wobei ein Wächter starb. Das nimmt der keltische Druide zum Anlass, zur völligen Vernichtung der Steinzeitmenschen aufzurufen. Seine Leute folgen dem Demagogen leider blind.

Indes wütete der Kampf auch unten auf dem Platz. Auf den furchtbaren Lärm war der Druide selbst herbeigeeilt. Mit fliegenden Haaren, eine Fackel in der Linken, das blutige Opfermesser in der Rechten, rief er den Kalats zu: »Tötet die Männer, tötet die Knaben! Schonet die Aimatweiber!«
Es war ein grauenhaftes Morden. Alle Aimatmänner, die nicht flohen, wurden niedergemacht. (5)

Die wenigen Überlebenden flüchten in die Staffahöhle. Doch auch dort werden sie von einem Kalat-Trupp aufgespürt. Zwar reißt die alte Parre, so etwas wie die Seherin der Aimats, noch den feindlichen Druiden mit sich in die Tiefe, doch dieses Opfer ändert nichts mehr an der totalen Niederlage. So endet in Weinlands Geschichte die Steinzeit auf der Schwäbischen Alb.

Ein Bekannter der Familie bekam mit, was Weinland da jeden Abend seinen Kindern erzählte, und sagte: »Das musst du unbedingt niederschreiben und veröffentlichen.« So erschien der »Rulaman« 1878 im Leipziger Otto-Spamer-Verlag – und bediente über das Massenmedium Buch auf Anhieb ein gewaltiges, für die Zeit typisches Interesse an historischen und naturwissenschaftlichen Themen.

Einige Jahrzehnte nach David Friedrich Weinland, im Jahr 1959, wird ein anderer aus der Riege der Frankfurter Zoodirektoren das zentrale Massenmedium seiner Zeit ebenso virtuos zu nutzen verstehen, diesmal um die Menschen für das Thema Tierschutz zu begeistern. In einem Fernsehstudio des Hessischen Rundfunks spielt sich folgende Szene ab: Ein ausgewachsener Gepard spannt seine Muskeln, springt mit einem Satz auf den Moderationstisch und faucht in die Kamera. Dabei verdeckt er fast völlig den Mann am Tisch, der jedoch keine Spur des Erschreckens zeigt, sondern die Raubkatze liebevoll streichelt und mit näselnder Stimme sagt: »Liebe Zuschauer, ich habe Ihnen heute Cheetah aus dem Frankfurter Zoo mitgebracht ...« Mit solchen Auftritten wie in der Sendung »Ein Platz für Tiere« schrieb Bernhard Grzimek TV- Geschichte. Mal brachte er einen Affen ins Studio mit, mal ein Tapirbaby, mal hatte er sich eine Würgeschlange um den Hals gelegt – so etwas hatte man noch nie zuvor gesehen.

Und so etwas wie »Rulaman« hatte man zu Weinlands Zeiten eben noch nie zuvor gelesen. Das Buch verkaufte sich in Deutschland über eine halbe Million Mal, darüber hinaus wurde es in neun Sprachen übersetzt.

In dieser Erfolgsstory fehlt eigentlich nur noch der Anruf aus Hollywood in neuer Zeit. Die Steinzeit als Kulisse für ganz großes Kino? »Rulaman« – eigentlich ein Knallerstoff, wie gemacht für eine Verfilmung, oder? So eine Art »Herr der Ringe« auf der Schwäbischen Alb ... Doch tragischerweise hat dies gerade der hohe wissenschaftliche Anspruch des Buchs verhindert.

Denn die Forschungsdisziplin »Vor- und Frühgeschichte« hat sich rasant weiterentwickelt und dem »Rulaman« ein grundlegendes Problem beschert: Steinzeitmenschen und Kelten waren einander nicht begegnet. Die neuere Forschung setzte das Ende der Steinzeit, genauer: der Jungsteinzeit, je nach Region zwischen 3300 und 1800 vor Christus an, das Auftauchen der Kelten jedoch erst um 800 vor Christus. Also lagen zwischen dem Ende der einen und dem Beginn der anderen Kultur mindestens 1000 Jahre, der Vernichtungskampf der Kalats gegen die Aimats konnte so nie stattgefunden haben. Die Backgroundstory von »Rulaman« stimmte nicht mehr.

Die Schwäbische Alb hoch über Bad Urach: Schauplatz eines tödlichen Kampfes.

Dennoch: Der »Rulaman« lebt weiter, auch wenn er nicht zum ganz großen »Netflix«- oder »Wow«-Hype wurde. Wer auf der Felsnase hoch über dem Ermstal spazieren geht, wo das Hofgut Hohenwittlingen heute noch von den Nachfahren des Autors bewohnt wird, der sollte auch den schmalen Pfad zur Schillerhöhle hinuntersteigen, der »Tulkahöhle« der Aimats. Sie ist zwischen Mitte November und Mitte April mit einer schweren Gittertür verschlossen, zum Schutz der Fledermäuse, sonst aber frei zugänglich. Feste Schuhe und Taschenlampe mitnehmen. Dabei kann es gut sein, dass man nach etwa 30 Metern, wo sich der enge Höhlengang weitet, auf Eltern stößt, die – den Lichtkegel auf den »Rulaman« gerichtet – gerade dabei sind, ihre Kinder hinterrücks zu bilden. Am besten, Sie setzen sich dann auf einen Felsblock, hören der Lesung zu und lassen den Zauber dieser außergewöhnlichen Erzählung auf sich wirken:

Das ist die Geschichte von Rulaman und der alten Parre. Noch ruhen die alten Geister nicht. Wenn an Sommerabenden plötzlich die weißen Nebel aufwallen aus dem Armital zu den Albfelsen hinauf, da erscheinen vor dem hohen Staffafelsen zwei mächtige Nebelgestalten in wunderbar wirbelnder Bewegung. Sind es der Druide und die alte Parre, die heute noch kämpfen den Kampf der Aimats und Kalats?

Drüben aber auf dem Nufaberg wächst ein uralter Efeu an den Burgruinen. Der Efeu malt in großen Zügen auf dem grauen Gestein seltsam verschlungene Zeichen. Wer sie zu deuten versteht, der liest: Rulaman, Welda und Kando. (6)

Zitate: (1) www.projekt-gutenberg.org/weinland/rulaman/chap032.html, Kap. 1, Vor der Höhle
(2) ebenda
(3) ebenda, Kap. 5, Der Kampf mit dem Höhlenlöwen
(4) ebenda, Kap. 3, In der Tulkahöhle
(5) ebenda, Kap. 27, Das Sonnwendfest auf dem Nufaberg
(6) ebenda, Kap. 31, Die Schwalben sind da

Schwarzwälder Auswandererschicksale – Eine Recherche in eigener Sache

Dienstag, 7. August 2007, Buenos Aires, Calle Rivera 5158. Es ist 23 Uhr, als Martin Gonzalo Acro sein Boxtraining beendet. Als der 29 Jahre alte Sportjournalist die Straße vor dem Fitnessstudio im Stadtteil Villa Urquiza betritt, warten schon fünf Männer auf ihn, einer von ihnen eröffnet das Feuer. Von drei Kugeln getroffen bricht Acro zusammen, er wird schwer verletzt ins Pirovano-Hospital eingeliefert, zwei Tage später stirbt er.

Ein hinterhältiges Verbrechen, das da in der argentinischen Hauptstadt verübt wurde, keine Frage – aber: wo ist die Verbindung zum über 11 000 Kilometer entfernten Baden-Württemberg? Nun, der Mord hat möglicherweise indirekt mit mir zu tun, beziehungsweise mit meiner Schwarzwälder Familiengeschichte.

Von Anfang an: Vor einigen Jahren besuchte ich die »Ballinstadt«, früher ein riesiges Barackengelände im Hamburger Hafen. Hier wurden bis ins erste Drittel des 20. Jahrhunderts hinein die deutschen Auswanderer gesammelt, sie warteten in einfachen Unterkünften auf ihre noch ausstehenden Papiere, erledigten Zollformalitäten oder unterzogen sich der ärztlichen Pflichtuntersuchung. Und dann kam der Tag X, an dem sie das Schiff bestiegen, das sie in ihr neues Leben bringen sollte.

In den wenigen übriggebliebenen Baracken ist heute das Hamburger Auswanderermuseum untergebracht. Am Ende des Rundgangs kommt man in einen Raum mit mehreren Rechnern, in denen die Passagierlisten der Schiffe gespeichert sind, die zwischen 1850 und 1934 von hier aus in die USA fuhren. Ich gab einfach so mal meinen Nachnamen ein, »Schlenker« – und erhielt 249 Nennungen. Ich war erstaunt: Sage und schreibe 249 Menschen meines Namens hatten hier ihr Heimatland verlassen, sehr viele davon aus der Gegend, aus der viele Schlenker stammen, Schwenningen im Schwarzwald-Baar-Kreis. Was war aus ihnen geworden? Gibt es Nachfahren, die immer noch den Namen tragen? Meine Neugier war entfacht. Ich recherchierte in den Einreiselisten von Ellis Island vor New York (www.statueofliberty.org) und in einigen Genealogieforen, die in den USA sehr beliebt sind (wie www.familysearch.org) – und stand am Ende vor einer wahren Flut von Schlenkers.

Ich entschied mich, zunächst der digitalen Spur von Erhard Schlenker zu folgen, einem gebürtigen Schwenninger, der im Februar 1912 mit seiner Familie die Gangway zur »America« hochstieg, damals einer der größten Dampfer der Welt, mit Platz für 2508 Passagiere, davon 386 in der ersten, 150 in der zweiten, 222 in der dritten und 1750 in der billigen vierten Klasse. Zielort der »America«: New York. Wie alle Neuankömmlinge mussten auch Schlenkers zunächst einmal die Hürde Ellis Island überspringen, eine Insel unmittelbar vor dem Hafen von New York. Dort saß die gefürchtete Einwanderungsbehörde, die befugt war, Menschen abzuweisen und zurückzuschicken – für die Betroffenen ein Desaster.

Trügerische Schwarzwaldromantik: Hinter der Fassade verbargen sich oft Not und Knochenarbeit.

Die Einwanderer nannten Ellis Island die Träneninsel (engl. isle of tears), da sich hier nach einer zweiminütigen Befragung und einer medizinischen Untersuchung ihr weiteres Schicksal entschied. Die Einwanderer mussten gleich zu Beginn eine 50-stufige steile Treppe zum Registrierraum emporsteigen, wobei sie von Ärzten beobachtet wurden. Hatte jemand Probleme, deutete das auf ein Herzleiden hin und er wurde intensiver untersucht. Die Mediziner prüften auf Infektionskrankheiten, schauten sich Hände, Gesicht und Haare an; falls jemand verdächtig war, bekam er ein Kreidezeichen auf die rechte Schulter gemalt (ein »S« stand für Senilität, ein »Ct« für die Augenkrankheit Trachom und ein »X« für eine psychische Erkrankung). Die anderen gingen durch eine Tür mit der Aufschrift »Push to New York« und waren aufgenommen. (1).

Erhard und seine Familie hatten Glück und kamen durch. Sein Name findet sich danach in einer der Listen der staatlichen US-Volkszählung wieder: Erhard Schlenker, Beruf: Gärtner, Adresse: 1618 Clinton Avenue, Rochester, NY. Hier verliert sich seine Spur. Aber mein Interesse für weitere Schlenkers war geweckt.

Hier musste jeder durch: Ellis Island, der Sitz der strengen US-Einwandererbehörde.

Der Schwarzwald und die Auswanderer: eine gewaltige Geschichte, die nur ansatzweise erforscht ist. Was ist aus den Tausenden und Abertausenden Badenern und Württembergern geworden, die in den großen Auswanderungswellen ab der ersten Hälfte des 19. Jahrhunderts ihre deutsche Heimat verließen, um vor allem in den noch jungen Vereinigten Staaten ihr Glück zu suchen? Da gibt es Geschichten über Menschen, die es (zunächst) geschafft haben, wie der im Schwarzwälder Kandern geborene Johann August Sutter, der 1834 hochverschuldet nach Amerika flüchtete, dort in Kalifornien ein gewaltiges Imperium errichtete, die Stadt Sacramento gründete und als »Kaiser von Kalifornien« in die Geschichte einging – wobei sein Image in den letzten Jahren gewaltige Kratzer bekam, weil er als Sklavenhalter und Menschenhändler enttarnt wurde. Sutter wurde unfreiwillig zum Auslöser des kalifornischen Goldrauschs, als auf seinem Land Gold gefunden wurde und all seine Arbeiter von jetzt auf nachher davonliefen, um selbst Gold zu schürfen. Sutter, der dabei bankrott ging, starb 1880 völlig verarmt bei New York. Die Nazis verfilmten Sutters Leben mit großem Aufwand und Luis Trenker in der Hauptrolle.

Und dann gibt es die Geschichten von Menschen, die mit großen Hoffnungen im Land der Freiheit eintrafen und unter die Räder kamen, weil sie Opfer gerissener Betrüger wurden oder gewissenlosen Menschen in die Hände fielen. So ging es Ende des 19. Jahrhunderts den jungen Simonswälderinnen Rosa und Frida Weis, die von dem neugegründeten St. Joseph's Convent in Milwaukee gehört hatten, einer Gemeinschaft von Franziskanerschwestern, die »Heidenkinder« – sprich: Kinder von Ureinwohnern – unterrichteten.

Vor dem Hintergrund des erst in jüngerer Zeit bekannt gewordenen Skandals, dass in kanadischen und amerikanischen Umerziehungslagern Tausende indigener Kinder unter grausamen Umständen ums Leben kamen, klingeln bei diesem Begriff »Unterrichtung von Heidenkindern« schon alle Alarmglocken. Es gibt allerdings keine Hinweise, dass das St. Joseph's Convent in irgendeiner Weise an diesen unfassbaren Verbrechen beteiligt war. Was man allerdings weiß, ist, dass die gutgläubigen Novizinnen gnadenlos ausgebeutet wurden: *Während es sich ranghöhere Schwestern gut gehen lassen, dauert der Arbeitstag Fridas von fünf Uhr früh bis neun Uhr abends. Rosa trifft es noch härter. Niemand findet es nötig, ihre schwere Erkältung zu behandeln. Sie bekommt Lungenschwindsucht* (2), heißt es in einem Recherchedossier des Landesarchivs Baden-Württemberg.

Johann August Sutter aus Kandern: in Europa hoch verschuldet, in Amerika »Kaiser von Kalifornien«.

Da die Novizinnen getrennt und völlig von der Außenwelt abgeschnitten sind, erfährt Frida nur zufällig von der schweren Krankheit ihrer Schwester. Sie schafft es gegen viele Widerstände, ihre Schwester noch zu besuchen, kurz bevor sie stirbt. Angesichts von so viel Gefühlskälte und Menschenverachtung beschließt Frida, aus dem Konvent auszutreten, wird aber von den Schwestern massiv unter Druck gesetzt. Erst ein verzweifelter Brief an ihren früheren Pfarrer im Schwarzwald zeigt Wirkung: Der Geistliche spricht ihr aus der Ferne Mut zu, ermuntert sie durchzuhalten. Schließlich schafft es Frida, den Klostermauern zu entkommen, sie heiratet und lebt in Chicago endlich ein normales, friedliches Leben.

Auf eine ähnlich dunkle Geschichte, allerdings ohne Happy End, stieß ich bei meiner Familienrecherche. Die Protagonisten waren zwei Männer, die 2007 monatelang die Schlagzeilen in Zeitungen und Fernsehnachrichten ihres Landes bestimmt hatten: »los hermanos Schlenker«, die Brüder Schlenker. Ihre Vorfahren hatten Argentinien dem Top-Einwanderungsland USA vorgezogen. 1914 lebten rund 27 000 Deutsche in Argentinien, in den Jahren nach dem Ersten Weltkrieg nahm die Zahl nochmals rapide zu, bis zu 13 000 Neuankömmlinge pro Jahr konnten die Einwanderungsbehörden verzeichnen. Argentinien war deshalb so interessant, weil es ein aufstrebendes Land war, einen ständig wachsenden Agrarsektor mit riesigem Arbeitskräftebedarf hatte und auch Gründern viele Möglichkeiten bot. Dazu kamen liberale Einwanderungsbestimmungen und Hilfsangebote für die Einwanderer, so wurden sie zum Beispiel in den ersten fünf Tagen nach der Ankunft vom Staat unterhalten, Arbeitsämter unterstützten sie bei der Arbeitssuche, auch der Transport an die künftige Arbeitsstelle irgendwo in dem riesigen Land wurde staatlich organisiert.

Und irgendwann in den 1960ern oder 70ern wurden in Buenos Aires den Nachkommen einer solchen deutschen Einwandererfamilie zwei Söhne geboren: Alan und William Schlenker. Ach, wären die beiden doch nur in einer der vielen Tangoschulen sozialisiert worden, es wäre wohl alles anders gekommen. Aber das Herz der Jungs schlug eben für Fußball. Was ja eigentlich nichts Schlimmes ist – nur, in Argentinien kann es leider auch anders laufen. Denn der argentinische Fußball ist fest in der Hand der »Barras Bravas«, auf Deutsch »Wilde Horden«. Die Barras Bravas sind Fanclubs der Fußballvereine, wobei der Begriff »Fans« öfter durch »mafiös organisierte Hooligans« ersetzt werden müsste. Denn viele solcher Clubs verschieben schwarz Tickets, kontrollieren die Parkplätze vor den Stadien, sie lassen sich anheuern, um in Ungnade gefallene Trainer oder Spieler wegzumobben, auch Waffenschiebereien und Drogenhandel sind nicht selten fest in den Händen dieser Organisationen – alles in allem ein lukratives Geschäft.

Und immer wieder gehen im Umfeld von Spielen rivalisierende Barras Bravas mit rücksichtsloser Brutalität aufeinander los. Das argentinische Internetportal salvemosalfutbol.org (»Lasst uns den Fußball retten«) listet, beginnend mit dem Jahr 1922, fortlaufend alle Toten in Zusammenhang mit Fußballgewalt auf: Im hundertsten Jahr, im Oktober 2022, stand die Liste bei 346 Todesopfern, Martin Gonzalo Acro, der junge Sportjournalist vom Anfang der Geschichte, war die Nummer 228.

Die Spur zu Acros Mördern führte die Ermittler zum Fußball-Erstligisten River Plate, neben den Boca Juniors einer der beiden großen Clubs der Hauptstadt. Dessen Fanclub »Borrachos del Tablón«, auf deutsch etwa »die Besoffenen von der Theke«, wurde von dem Brüderpaar Schlenker kontrolliert, Alan war der oberste Chef. Da die Borrachos mit ihren dunklen Geschäften oft viele Tausend Dollar im Monat umsetzten, waren Rivalitäten innerhalb des Clubs an der Tagesordnung. Im Lauf der Zeit hatte sich ein ernstzunehmender Konkurrent von Alan heranentwickelt, Adrian Rousseau, in seinem Fahrwasser dessen Vertrauter Martin Gonzales Acro. Immer wieder kam es zu handgreiflichen Auseinandersetzungen zwischen Anhängern der beiden Alphatiere, dann, am 7. August 2007, zu dem Mordanschlag auf Acro.

Doch die Ermittlungen zogen sich, erst dreieinhalb Jahre nach dem Mord begann der Prozess in Buenos Aires. Die öffentliche Wirkung der Enthüllungen über die Machenschaften hinter der Fassade des Starclubs River Plate war enorm. Zeitungen, Radiostationen und Fernsehen berichteten ständig, vor allem die Boulevardpresse bezog über Monate ihre Schlagzeilen aus den Verhandlungen. Dann das Urteil: Das Gericht war davon überzeugt, dass Alan der Auftraggeber und William der Drahtzieher war. Sie und einige weitere Tatbeteiligte wurden zu lebenslangen Freiheitsstrafen verurteilt. Die Brüder sitzen seitdem im berüchtigten Rawson-Gefängnis, 1300 Kilometer von der Hauptstadt entfernt. Der ehemalige Borracho-Chef ist durch seinen Twitteraccount @schlenkeralan in der Fanszene von River Plate nach wie vor präsent, er wird nicht müde, seine Unschuld zu beteuern, die Haftbedingungen im »Gefängnis der Hölle« anzuprangern und eine Wiederaufnahme des Verfahrens zu fordern. Im März 2022 postete er Fotos von der Hochzeit mit seiner Freundin Patry, Bilder der Trostlosigkeit, aufgenommen in einem sterilen Funktionsraum mit vergitterten Türen und Fenstern.

Doch Gott sei Dank gab es bei meiner Familienrecherche auch deutlich erfreulichere Ergebnisse. Wie zum Beispiel Terry Schlenker aus Denver, Colorado. »Komponist, Embryologe, Volleyballspieler« – amerikanischer als in seiner Selbstdarstellung geht es wohl kaum. Terry Schlenker war nach einer erfolgreichen Volleyballkarriere Mitbegründer des »Colorado Center for Reproductive Medicine« (CCRM), eines renommierten Instituts für künstliche Befruchtung, und leitete es elf Jahre lang – bis er eine weitere Kehrtwende vollzog: Er wurde Komponist. Nun schreibt er unter anderem Songs für den »Denver Gay Men's Chorus«, einen der bekanntesten Schwu-

Der Traum vom neuen Leben: Über fünf Millionen Deutsche wanderten zwischen 1820 und 1928 in die USA aus.

lenchöre Amerikas. Wenn die rund 100 Männer mit ihren Beatles- oder Abba-Songs aufdrehen, kriegen sie jede Halle zum Toben ...

Oder Lisa und Mark Schlenker aus Chicago. 17 Jahre lang waren sie die Besitzer eines eigenen Sportvereins, des »Lakeview Baseball Club« samt Stadion, das spektakulär in die Dachlandschaft Chicagos hineingebaut ist – wow! Viele weitere Schlenkers habe ich in Nordamerika gefunden, zum Beispiel Mark W. Schlenker, der in Gakona/Alaska für die Vergabe von Angellizenzen zuständig ist, Chris Schlenker, Eishockey-Schiedsrichter in der ruppigen NHL, die kalifornische Malerin Jesse Schlenker, Barry M. Schlenker, emeritierter Psychologieprofessor an der University of Florida in Gainesville, und Ethan Schlenker, Erfinder, der sich ein »Gaming event management system« patentieren ließ – worum es da geht? Keine Ahnung ...

Sind die nun alle mit mir verwandt? Eine Antwort könnte nur ein Gentest geben. Oder Rabbi Reuven Asher Schlenker aus Brooklyn. Er behauptet im Chatroom eines Genealogieforums: »Alle Schlenkers sind nach meinen Erkenntnissen miteinander verwandt.« Und weiter: »Ursprünglich waren es palästinensische Juden, die unter Pontius Pilatus nach Deutschland gebracht wurden, um Hermann den Cherusker zu bekämpfen.« Kein blasser Schimmer, wie meine Vorvorfahren es geschafft haben könnten, dem Gemetzel im Teutoburger Wald zu entkommen ... Aber der Rabbi ist auf jeden Fall ein interessanter Typ.

Die Familytour im Netz: Wenn man nicht gerade einen Allerweltsnamen wie Meier, Müller oder Schmidt trägt, kann das eine hochspannende Sache sein. Und vielleicht wird ja mal ganz analog eine Amerika-Reise daraus, eine Roadshow entlang des eigenen Namens: in New York einen Kaffee mit dem Rabbi, in Alaska Lachsfischen mit Mark, in Denver ein Konzert mit dem Chor von Terry, und Ethan erklärt mir bei Fish and Chips in San Francisco, was zum Teufel er da erfunden hat.

Ein schöner Plan, finde ich. Allerdings: Den Besuch bei Alan und William Schlenker lasse ich ziemlich sicher aus.

Zitate: (1) de.wikipedia.org/wiki/Ellis_Island
(2) www.landesarchiv-bw.de/sixcms/media.php/120/60646/Hin_u_weg_Tafeln_100x70_150dpi.pdf

Josef Schäfer – Schwarzwälder Serienmörder in brauner Zeit

Das Mordmotiv stand auf Seite 995 des Reichsgesetzblatts vom 24. November 1933. Unter der Überschrift »Strafverschärfung für gefährliche Gewohnheitsverbrecher« wurde bekannt gegeben, dass ab 1. Januar 1934 Wiederholungstäter nicht nur mit härteren Strafen von bis zu 15 Jahren Zuchthaus, sondern auch mit anschließender »Sicherungsverwahrung« auf unbestimmte Zeit zu rechnen hatten. Was der Begriff »Sicherungsverwahrung« bedeutete, war bereits wenige Wochen nach der »Machtergreifung« der Nationalsozialisten klargeworden: Überall im Reich waren bereits im März 1933 hektisch die ersten Konzentrationslager hochgezogen worden. Was mit den Menschen passierte, die dort »verwahrt« wurden, sprach sich schnell herum: Hunger, Entwürdigung, ständige Misshandlungen bis hin zu sadistischer Folter.

Das war offenbar auch dem 36 Jahre alten Josef Schäfer aus Betra bei Horb am Neckar bewusst, nachdem er im März 1935 nach acht Jahren und zehn Monaten aus der Haft entlassen worden war. Zahlreiche Diebstähle und Einbrüche standen bereits in seinem Vorstrafenregister und jetzt, nach nur vier Monaten in Freiheit, war er schon wieder wegen Einbruchs und Diebstahls zur Fahndung ausgeschrieben. Würde er jetzt erwischt werden, wäre seine spätere Einlieferung in das nahe KZ Heuberg beschlossene Sache.

Für den dauerkriminellen Tagelöhner gab es damit nur einen Weg, wie er sich aus der sich unaufhaltsam zuziehenden Schlinge befreien könnte. Die Option, künftig ein gesetzeskonformes Leben zu führen, schied für ihn dabei von vorneherein aus, er brauchte vielmehr eine neue Identität, eine, die unbescholten war, ohne Vorstrafen. Wenn man ihn dann auf frischer Tat ertappen würde, wäre er Ersttäter und würde entsprechend milde bestraft werden, so war sein Kalkül. Ein Kalkül, das in den kommenden Monaten vier Menschenleben forderte und Schäfer den Ruf eines menschenverachtenden Scheusals bescherte.

Der Kriminalhistoriker Wolfgang Krüger hat die Details dieser brutalen Mordserie in seinem Buch »Serienmörder des Dritten Reichs« akribisch recherchiert und Schäfers Weg bis zum Schafott im Lichthof des Stuttgarter Oberlandesgerichts dokumentiert. Anfang August 1935 lernt Schäfer in Tübingen den 30 Jahre alten Hausierer Paul Kaiser aus Bonlanden bei Stuttgart kennen, einen Mann, den, bedingt durch sein unstetes Wanderleben, kaum jemand vermissen würde – zumindest nicht sofort. Er schließt sich seinem Opfer an, begleitet ihn 14 Tage lang auf seiner Tour, lockt ihn schließlich in die Gegend um Horb, die er wie seine Westentasche kennt. Dort erschlägt er den Mann mit einem schweren Schraubenschlüssel, entkleidet ihn und zertrümmert, um eine Identfizierung zu verhindern, den Schädel bis zur Unkenntlichkeit. Anschließend verscharrt er die Leiche, der er auch noch Arme und Beine abgetrennt hat, um – wie er später vor Gericht aussagt – nicht ein so großes Loch graben zu müssen. Durch die Papiere, die er dem Mordopfer abgenommen hat, ist aus Josef Schäfer jetzt Paul Kaiser geworden.

Die Hochbrücke in Rottweil: Über diese Straße führte Josef Schäfer sein letztes Mordopfer.

Doch wenige Tage später begegnet er einem Mann, dessen Identität ihm noch attraktiver erscheint. Johann Widmann, 30 Jahre alt, ist wie er Tagelöhner und auf der Suche nach einem Job. Und seiner Familie – so erzählt er Schäfer alias Kaiser arglos – sei er egal, die Eltern kümmerten sich nicht um ihre Kinder. Einer, nach dem auch nach Monaten oder Jahren keiner fragen würde: Das macht Widmann für Schäfer zum idealen Opfer. Zunächst finden die beiden bei einem Bauern in Vierundzwanzig Höfe bei Freudenstadt eine Anstellung.

Als Widmann weiterziehen will, schließt sich Schäfer ihm an. In einem abgelegenen Waldstück erschlägt er Widmann, nimmt dessen Papiere an sich und richtet die Leiche in derselben Weise zu, wie er es bereits bei dem Hausierer gemacht hat. Sein blutiges Geschäft, so wird er später erzählen, verrichtet er ohne die geringste menschliche Regung.

Unter dem Namen Johann Widmann beginnt nun ein Jahr relativer Ruhe für Schäfer. Er arbeitet 1936 einige Monate lang als Knecht in Tübingen und anschließend in der Heil- und Pflegeanstalt in Stetten im Remstal. Dort lernt er eine junge Patientin kennen und beginnt ein Verhältnis mit ihr. Die 20 Jahre alte Luise Spieß leidet an Epilepsie, einer Krankheit, die bei den Nazis als »erbliche Fallsucht« unter das »Gesetz zur Verhütung erbkranken Nachwuchses« fällt und einige Jahre später durch die berüchtigte Euthanasie-Aktion »T4« für Tausende Patienten tödlich ist.

Schäfer beschließt, die junge Frau aus der Heilanstalt herauszuholen, am 25. Juli 1936 flieht er mit ihr – und begeht einen Fehler, der Luise Spieß das Leben kosten wird: Schäfer hat in der Eile seine Widmann-Papiere liegen gelassen. Er geht mit ihr zurück zu dem Bauern in Vierundzwanzig Höfe, der ihn ja kennt. Nur: Dieser Bauer kennt ihn eben unter dem Namen »Kaiser«. Und für Luise heißt er »Widmann«. Ver-

Die Wälder um Freudenstadt boten dem Mörder viele Möglichkeiten, sich zu verstecken.

Der frühere Truppenübungsplatz Heuberg: ab März 1933 eines der ersten und berüchtigtsten Konzentrationslager.

wirrt spricht sie ihn darauf an – Grund für ihn, sie zu töten. In einem Waldstück erwürgt er die Frau, die jetzt zu viel weiß, zerstückelt und vergräbt sie. Dem Bauern erzählt er, er habe sie zu seiner Mutter gebracht.

Jetzt ist Schäfer also wieder Paul Kaiser. Aber ihm ist klar, dass die Uhr tickt, vielleicht ist ja Kaiser inzwischen als vermisst gemeldet. Kurz: Er braucht dringend eine frische Identität. Und entwickelt einen teuflischen Plan. Am 6. Dezember 1936 erscheint im »Schwarzwälder Boten« eine Anzeige. Eine Witwe sucht einen etwa 30-jährigen Knecht, spätere Verheiratung mit der Tochter des Hauses nicht ausgeschlossen – vom Knecht zum Hofbesitzer, ein verlockendes Angebot. Unter den etwa 30 Interessenten sucht sich Schäfer, der die Anzeige aufgegeben hat, den 29 Jahre alten Franz Rothfuß aus Baiersbronn-Mitteltal aus und teilt ihm mit, er möge sich am Mittag des 16. Januar am Bahnhof Rottweil einfinden, mit – ganz wichtig! – vollständigen Papieren.

Als Rothfuß zum vereinbarten Zeitpunkt eintrifft, hat Schäfer schon alles vorbereitet – inklusive plausibler Ausreden. Eigentlich habe der Bruder der Bäuerin mit dem Auto kommen wollen, aber das Gefährt sei leider nicht angesprungen. Jetzt hätten sie ihn, den Knecht, geschickt, und der Weg müsse nun halt zu Fuß zurückgelegt werden. Die beiden Koffer deponieren sie am Bahnhof, dann führt Schäfer sein argloses Opfer aus der Stadt hinaus. Am Vormittag hat er schon das Gelände erkundet, der Höllenstein, ein Felsen hoch über Rottweil, schien ihm der geeignete Tatort zu sein. Mit einem Messer fällt er dort über den arglosen Mann her, sticht 52 Mal zu, zertrümmert wie bei seinen früheren Opfern den Schädel und hebt eine Grube aus.

Anschließend geht Schäfer in die Stadt zurück, holt die Koffer und fährt nach Tübingen. Mit den neuen Papieren ist er nun Franz Rothfuß aus Baiersbronn. Da ihm klar ist, dass die Angehörigen seines Opfers auf Nachricht warten, lässt er in einem Schreibbüro eine Postkarte an die Eltern schreiben, dass es ihm gut gehe und dass eine Verlobung mit der Bauerntochter bevorstehe. Möglicherweise kam das Verlobungstempo den Eltern merkwürdig vor, jedenfalls erstatteten sie bereits wenig später Vermisstenanzeige, nachdem sich ihr Sohn kein weiteres Mal gemeldet hatte.

Dann kommt der 27. Januar 1937. Elf Tage nach seinem letzten Mord fällt Schäfer bei einer Routinerazzia der Polizei in einem Stuttgarter Männerwohnheim auf. Als Polizisten seine Sachen durchsuchen, stoßen sie auf die Papiere von Kaiser und Rothfuß, beides Männer, die als vermisst gemeldet wurden. Nach mehreren langen Verhören – ob Schäfer dabei misshandelt wurde, ist nicht bekannt – gibt er zu, die beiden ermordet zu haben, und gesteht dabei auch gleich noch die Morde an Luise Spieß und Johann Widmann. Er erklärt sich bereit, die Polizei zu den Leichen zu führen.

Am 30. Januar wird so das Grab von Rothfuß und einen Tag später das der jungen Frau ausgehoben. Bei der Suche nach der Stelle, wo er die Kleider von Luise vergraben hat, gelingt es Schäfer, mit einem Beamten allein zu sein. Er wolle an einer bestimmten Stelle mal graben, sagt er zu dem Polizisten und bittet darum, dazu die störenden Handschellen abgenommen zu bekommen. Als der leichtsinnige Mann das tut, bekommt er einen Tritt in den Leib, der ihn den steilen Hang hinabschleudert. Bevor er sich wieder aufrappeln kann, ist der Mörder im dichten Wald verschwunden.

Spätestens jetzt geht der Fall Schäfer reichsweit durch die gleichgeschalteten Medien, eine bis dahin beispiellose Suchaktion beginnt. SA, SS, Schutzpolizei, Organisationen wie der Reichsarbeitsdienst RAD oder das Nationalsozialistische Kraftfahrkorps NSKK rücken in Hundertschafts-Stärken aus und riegeln weiträumig die ganze Umgebung ab, Suchstaffeln durchkämmen die riesigen Waldgebiete des Nordschwarzwalds um Freudenstadt, sechs Tage lang ohne Erfolg. Erst am siebten Tag, am 7. Februar, dem Sonntag vor Fastnacht, fällt in der Nähe von Vierundzwanzig Höfe einem der Beamten auf, dass aus dem Moosboden immer wieder größere Stücke herausgerissen waren. Dann stößt der Suchtrupp auf einen Mooshaufen, unter dem sich der halbverhungerte und -erfrorene Schäfer versteckt hat – es ist vorbei.

23. April 1937. Vor vier Jahren und einem Monat haben die Nationalsozialisten das Ermächtigungsgesetz erlassen, das die Verfassung und damit auch die Gewaltenteilung aufhob. Das Deutsche Reich war seitdem eine Diktatur, in der die Grundrechte des Menschen außer Kraft gesetzt worden waren. Jeder wusste: Wer sich gegen das System stellte, war seines Lebens nicht mehr sicher. In dieser innenpolitischen Situation begann vor dem Landgericht Rottweil der Prozess gegen Josef Schäfer. Der Saal war bis auf den letzten Platz besetzt, alle größeren Zeitungen hatten ihre Berichterstatter geschickt. Und auch vor dem Gebäude drängten sich Menschenmassen, die zumindest die Ankunft des »Scheusals« mitbekommen wollten.

Vielleicht war es nicht nur reine Sensationsgier, die die Rottweiler in Scharen vor das Landgericht trieb, vielleicht war es ja bei dem einen oder anderen das Gefühl, dass die volle Härte der braunen Machthaber jetzt endlich einen traf, der es in ihren Augen auch wirklich verdient hatte. Und nicht Männer und Frauen, die nichts anderes getan hatten, als vielleicht linke Flugblätter verteilt oder in einer Wirtschaft kritische Bemerkungen gemacht zu haben.

Gegen 8.15 wurde der Angeklagte Schäfer ... in den Saal geführt, schreibt Wolfgang Krüger in seinem Buch: *Trotz seiner 37 Jahre wirkte er wie ein junger Mann und vor allem: Er sah durchaus nicht wie ein Schwerverbrecher aus, wie zahlreiche Zuhörer später bekundeten. Sympathisch sehe er aus mit seinem frischen Gesicht, meinten manche ...* (1)

Immerhin: Fünf Stunden lang dauerte die Beweisaufnahme mit teilweise schaurigen Indizien wie Schädeltrümmern oder blutigen Kleiderfetzen, dann stand das Urteil fest: Josef Schäfer wurde gleich viermal zum Tode verurteilt, für jede Tat einmal. Am 11. Juli 1937 meldete der »Schwarzwälder Volksfreund« knapp Vollzug: »Schäfer hingerichtet«. Die bis dahin brutalste Mordserie in Württemberg war Kriminalgeschichte.

Zitat: (1) Wolfgang Krüger, Serienmörder des Dritten Reichs, Arnstadt 2015, S. 147

Atom (1): Haigerloch – das deutsche »Manhattan Project«?

Wo war es nur, das Gelände, auf dem die Nazis an der Atombombe bastelten? Herrgott noch mal, irgendwo mussten die Krauts doch hingegangen sein, nachdem ihre Arbeitsstätte in Berlin bei einem Luftangriff zerstört worden war ...

Die US-Soldaten, die den hochgeheimen Auftrag hatten, alles über den Stand der Atomforschung des »Dritten Reichs« herauszufinden, tappten im Dunkeln. Alles, was sie hatten, war eine Vermutung. Sie wussten, welche Ausmaße die Kernforschung bei ihnen zu Hause, in den USA, angenommen hatte. 1943 war in New Mexico das Los Alamos National Laboratory gebaut worden, wo mittlerweile auf 52 000 Quadratmetern Fläche 14 000 Mitarbeiter am »Manhattan Project«, der Entwicklung der amerikanischen Atombombe, arbeiteten. So wie die US-Geheimdienstler die Deutschen einschätzten, trieben die einen mindestens ebenso großen Aufwand. Eher einen noch größeren. Schließlich hatten sie ein paar Jahre Forschungsvorsprung, da einer ihrer Leute, Otto Hahn, bereits 1938 die Kernspaltung als Erster entdeckt hatte.

Das Gelände, das sie suchten, musste also eine ähnliche Größenordnung haben, 50 000 Quadratmeter oder mehr. Die Frage war nur: Wie und wo, zum Teufel, konnten die Nazis ein solches Riesenareal verstecken?

Rückblick: Berlin im Februar 1944. Kaum ein Tag verging, ohne dass die Sirenen heulten. Nachts die Engländer, am Tag die Amerikaner – das war der Rhythmus der Bombenangriffe. Am 16. Februar wurde auch Hahns Kaiser-Wilhelm-Institut (KWI) im noblen Stadtteil Dahlem getroffen. Dort hatten Wissenschaftler am »Uranprojekt« gearbeitet, aber jetzt standen sie vor den Trümmern ihres Instituts. Keine Frage: Berlin war kein Ort mehr, an dem man ungestört forschen konnte. Doch wo hatte man im Deutschen Reich noch Ruhe bei den immer massiver werdenden Bombardierungen? Auf der Schwäbischen Alb, meinte einer der Wissenschaftler, Reichsforschungsrat Walther Gerlach. Der Mann hatte in Tübingen studiert und kannte das Umland gut. Die dünn besiedelte Alb mit ihren abgelegenen Bauernhöfen und kleinen Textilfabriken war für die alliierte Luftwaffe kein lohnendes Ziel, darüber hinaus bot das Mittelgebirge einen weiteren Vorteil: Der Untergrund der Karstlandschaft war durchzogen von einem Geflecht aus über 2000 Höhlen. Höhlen! Das klang zunächst gut, hatte dann aber doch einen entscheidenden Nachteil: Die Feuchtigkeit würde den hochsensiblen Instrumenten und Messgeräten innerhalb kürzester Zeit den Garaus machen. Gab es denn nichttropfende Tropfsteinhöhlen? Man machte sich auf die Suche. Und wurde im Juli 1944 in Haigerloch fündig. Dort gab es einen ehemaligen Brauereikeller, der so trocken war, dass er als Holzlager genutzt wurde. Und sicher war er überdies. Über dem 20 mal 5 Meter großen Keller türmte sich eine 30 Meter dicke Muschelkalkschicht, auf der die schmucke Schlosskirche stand – und die würden die Briten oder Amis ja wohl kaum bombardieren.

US-Soldaten beim Abbau des Haigerlocher Forschungsreaktors im April 1945.

Mit dem Besitzer des Stollens, dem Schwanenwirt, wurde man schnell handelseinig: Für 100 Mark im Monat, terminiert bis Kriegsende, zogen die Wissenschaftler nach einigen Umbauten Anfang 1945 in den Keller ein. Da das Projekt unter der höchsten Geheimhaltungsstufe stand, wusste kein Haigerlocher, was sich in dem Stollen tief unter der Stadt abspielte.

Das war es also nun, das schwäbische Los Alamos: klägliche 100 Quadratmeter in einem Bierkeller gegen 52 000 in einer modernen US-Forschungsstadt, eine Handvoll Mitarbeiter hier gegen 14 000 in New Mexico. Aber wenigstens ahnten die Amis nicht, wo sich der Atomkeller befand. Noch nicht.

Die US-Soldaten, die den Auftrag hatten, ihn zu finden, waren Mitglieder der geheimen »Alsos«-Mission. Der Name »Alsos«, griechisch für »Hain«, war gewählt worden, weil der oberste Befehlshaber der Truppe Leslie R. Groves hieß und das englische »grove« ebenfalls »Hain« bedeutet – Humor in Zeiten des Krieges.

Was die Alsos-Leute so stark unter Zeitdruck brachte, war nicht allein die Gefahr, dass Hitler noch kurz vor einer drohenden Niederlage seine »Wunderwaffe« in die Hände bekäme. Es gab einen zweiten Grund: Noch ein anderer Player suchte nämlich nach dem Atom-Versteck, Frankreich.

Das besondere Problem dabei: Frankreich war zwar alliierter Partner der Amerikaner, nun war aber einer der wichtigsten Köpfe in der französischen Kernphysik Jean Frédéric Joliot-Curie, einerseits Nobelpreisträger und Schwiegersohn der legendären Marie Curie, andererseits Sympathisant der Kommunistischen Partei im besetzten Frankreich mit blendenden Kontakten nach Russland. Und zu Stalin durften die deutschen Forschungsergebnisse unter keinen Umständen gelangen. Dass die militärische Partnerschaft mit Russland den Krieg nicht überdauern würde, war schon damals allen Beteiligten klar.

Die deutschen Atomforscher richteten sich in Haigerloch ein und bauten einen Forschungsreaktor in dem Keller auf. Dazu war die gesamte Laboreinrichtung in Berlin in Holzwolle-gepolsterte Kisten verpackt und in einem LKW-Konvoi über eisglatte Straßen in den Süden geschafft worden. Dann galt es auch noch dringend benötigte Stoffe wie Uran und Graphit zu beschaffen. Und sogenanntes »schweres Wasser«, ein Mittel, das die Prozesse einer nuklearen Kettenreaktion »moderieren«, also dämpfen sollte. Dieses schwere Wasser wurde aber damals nur in einer europäischen Fabrik in nennenswerten Mengen hergestellt, und die lag dummerweise in Südnorwegen, im rund 1500 Kilometer von Haigerloch entfernten Rjukan.

Zwar war Norwegen zu dieser Zeit von den Nazis besetzt, da aber auch die Alliierten um die strategische Bedeutung dieses Werks wussten, war es ständig Ziel von Angriffen oder Sabotageakten, es wurde zerstört, wieder aufgebaut, erneut beschädigt, wieder instand gesetzt. Und die Transportwege ins Deutsche Reich standen natürlich unter alliiertem Dauerbeschuss.

Das waren die Rahmenbedingungen, unter denen die Wissenschaftler um Werner Heisenberg arbeiten mussten. Heisenberg war einer der Stars unter den Physikern seiner Zeit, er gilt als Begründer der Quantenmechanik.

Kaum hatten die Deutschen Anfang 1945 in ihrem Stollen mit der Arbeit angefangen, begann auch schon die Uhr zu ticken, der Countdown für das Ende des Projekts lief. Nach der Landung in der Normandie im Juni 1944 hatte sich die US-Armee unaufhaltsam nach Westen vorgekämpft. Bei ihrem Vormarsch waren den Alsos-Leuten Unterlagen in die Hände gefallen, aus denen hervorging, wo sie zu suchen hatten. Am 30. März 1945 nahm die US-Armee Heidelberg ein, bis Haigerloch waren es jetzt nur noch 180 Kilometer. Das Ziel: Die Spitzenwissenschaftler festnehmen, auf die eigene Seite bringen und alles zerstören, was man nicht in die Staaten schaffen konnte.

Sieht aus wie ein kreatives Mobile, war aber knallharte Atomforschung: der Versuchsreaktor in Haigerloch.

Wäre der Atomkeller gesprengt worden, gäbe es dieses barocke Kleinod vielleicht nicht mehr.

Viele Schichten Fels sollten die Forschung der Nazis schützen: der »Atomkeller« in Haigerloch.

Allerdings überschritt in den letzten März- und ersten Apriltagen auch die französische Armee den Rhein, rückte nun zügig über den Schwarzwald vor und nahm Dorf um Dorf und Stadt um Stadt ein. Auf der Konferenz von Jalta im Februar 1945 war Frankreich gegen den Widerstand der Amerikaner der Status einer Siegermacht zuerkannt worden. Damit hatten auch die Franzosen Anspruch auf eine Besatzungszone, die nachvollziehbar an der Grenze zu ihrem Heimatland liegen sollte, also im Südwesten des Reichsgebiets. Und Haigerloch lag mitten drin in dieser Zone! Die Amerikaner mussten es also schaffen, vor den Franzosen dorthin zu kommen, rasch ihren Job zu machen und sich anschließend rücksichtsvoll wieder zurückzuziehen. Es musste schnell gehen.

Inzwischen war der Krieg auch in der ruhigen Albregion immer stärker zu spüren. Die zunehmenden Luftalarme führten als Nebenprodukt zu einem Augenzeugenbericht, wie es in dem geheimnisumwitterten Keller aussah. »Der Spiegel« zitierte später einen jungen Haigerlocher, dem der nächste Luftschutzraum zu weit weg gewesen war:

Beim nächsten Fliegeralarm ging ich einfach in den Keller vom KWI. So konnte ich mir den ganzen Bau und Keller ansehen. Ähnlich wie die anderen Räumlichkeiten war auch der Kellerraum in rohbauähnlichem Zustand. Ein größeres Loch im Boden war abgedeckt. Zwischen dem Loch und den Alubehältern vor der Hinterwand war ein aus Graphitblöcken aufgesetzter Block. In diesem Block wurde das Urangitter bei Bauarbeiten gelagert. Ich fragte einen Mann, was man mit den vielen »Briketts« mache. Da sagte man zu mir, es wäre Graphit, mit dem ich malen könne, und er gab mir ein kleines Stückchen mit. (1)

Für den Trupp der Alsos-Männer wurde es immer schwieriger. Wo sie auch hinkamen, die Franzosen waren schon da. Als sie bei Horb auf eine französische Einheit stießen, die verwundert war, dass da Amerikaner durch ihre Zone streiften, reagierte deren Anführer geistesgegenwärtig. Er behauptete, er sei im Auftrag seines Vorgesetzten hier, um den französischen Verbündeten persönlich zu ihren Vormarscherfolgen zu gratulieren.

Auch in Haigerloch waren die Franzosen vor den Amerikanern. Da sie aber nichts von dem Atomkeller wussten, suchten sie auch nicht nach ihm. Kurz nachdem sie weitergezogen waren, fuhren die Alsosleute vor. Am 23. April drangen sie mit den Waffen im Anschlag in die Höhle ein. Und staunten nicht schlecht: Statt der erwarteten Hightech-Anlage betraten sie eine bessere Tüftlergarage. Es zeigte sich schnell, dass die deutschen Forscher noch meilenweit von einer Bombe entfernt gewesen waren.

Die Anlage wurde ausgeräumt, der Rest sollte gesprengt werden. Damit wäre aber auch die Schlosskirche direkt über dem Stollen in Mitleidenschaft gezogen, wenn nicht gar zerstört worden. Das war die Stunde des Haigerlocher Stadtpfarrers Marquard Gulde. Er lud den Befehlshaber der Truppe zu einer persönlichen Führung in die Kirche ein und zeigte ihm die Schönheit des barocken Kleinods mit all seinen Gemälden, Fresken und Glasmalereien. In den Mittelpunkt stellte er den 1609 geweihten Hochaltar mit über 60 Holzskulpturen, der als bedeutendstes Werk der Renaissance-Bildhauerkunst in Hohenzollern galt ... Okay, okay! Der Offizier, überwältigt von so viel Kultur, hatte genug gesehen und begriffen. Spontan sagte er zu, es bei einer deutlich kleineren Sprengung als vorgesehen zu belassen. Und so geschah es auch: Die Schlosskirche blieb unversehrt, die Reste des Forschungsreaktors waren aber unbrauchbar – das »Uranprojekt« war Geschichte.

Nach und nach fielen den Amerikanern die beteiligten deutschen Forscher in die Hände, Werner Heisenberg, Otto Hahn und Carl Friedrich Freiherr von Weizsäcker. Die Männer wurden nach England gebracht und dort – abgeschnitten von der Außenwelt – in dem Landsitz Farm Hall bei Cambridge interniert. Über mehrere Monate hinweg wurden ihre Gespräche abgehört, wobei sich herausstellte, dass die Deutschen immer noch in dem Glauben lebten, sie seien mit ihren Forschungen allen anderen meilenweit voraus gewesen. Das provozierte ihre Bewacher mächtig. Deshalb erging am 6. August 1945 der Befehl, dass sich die Deutschen in einem Raum vor einem Radiogerät zu versammeln hatten. Und dort hörten die Wissenschaftler in den 18-Uhr-Nachrichten der BBC, wie weit die Amerikaner in ihrer Forschung gekommen waren: Sie hatten nicht nur die Bombe, sie hatten sie auch bereits abgeworfen, einige Stunden vorher auf Hiroshima, mit Zehntausenden Opfern.

Die Menschheit war in ein neues Zeitalter eingetreten.

Zitat: (1) www.spiegel.de/geschichte/alsos-mission-a-948850.html

Die Idylle trügt: In einem Stollen unter Schloss und Kirche forschte die Elite der deutschen Atomphysiker.

Wilhelm Murr – Das klägliche Ende des württembergischen NSDAP-Gauleiters in den Alpen

Es mutet wie eine Ironie der Geschichte an: Ausgerechnet am 20. April 1945, »Führers Geburtstag« – die Schlagzeile des in Stuttgart erscheinenden »NS-Kurier« lautet: »Im Unglück nicht feige, sondern trotzig werden« –, ausgerechnet an diesem Tag verschwindet Hitlers oberster Statthalter in Württemberg, Wilhelm Murr, spurlos. Immerhin der Mann, der noch kurz zuvor jedem, der eine weiße Fahne schwenken sollte, mit Hinrichtung und dessen Familie mit anderen drakonischen Strafen gedroht hatte.

In den Tagen zuvor war die militärische Lage immer aussichtsloser geworden. Am 4. April war Heilbronn in die Hände der Amerikaner gefallen, am 19. April Freudenstadt in die Hände der Franzosen. Und jetzt marschierten französische und amerikanische Verbände von allen Seiten auf Stuttgart zu. Vor allem die Nachrichten aus Freudenstadt verbreiteten in Stuttgart Furcht und Schrecken. Dort hatten die Franzosen, nachdem versprengte deutsche Verbände Widerstand geleistet hatten, die Stadt nahezu völlig zerstört, von Plünderungen und Massenvergewaltigungen wurde berichtet.

Und jetzt standen die Franzosen in den Fildervororten von Stuttgart, die Einnahme der Kernstadt stand unmittelbar bevor. Am 22. April trat der NSDAP-Oberbürgermeister Karl Strölin den schweren Gang nach Degerloch an, wo er im altehrwürdigen Gasthaus »Ritter« den französischen General Jacques F. Schwartz traf und ihm die Stadt übergab. Strölin bat um »ritterliche Behandlung der Bevölkerung«, konnte aber nicht verhindern, dass in den folgenden Tagen geplündert und vergewaltigt wurde.

Aber wo war Wilhelm Murr, der oberste Mann in Württemberg? Der Reichsstatthalter und NSDAP-Gauleiter war Hitlers getreuestes Sprachrohr im Schwäbischen gewesen. Bereits am 15. März 1933 hatte er bei seiner Vereidigung in Stuttgart klargemacht, wie er mit politischen Gegnern umzugehen gedenke: »Auge um Auge, Zahn um Zahn. Aber nicht nur Auge um Auge und Zahn um Zahn, sondern wir werden dem, der einem der Unseren einen Zahn einschlägt, den Kiefer zerschmettern, und dem, der einem der Unseren ein Auge einschlägt, dem werden wir den Kopf abschlagen.«

Württemberg unter Murr war stets besonders eifrig und vorauseilend gehorsam gewesen: Der Heuberg war reichsweit eines der ersten Konzentrationslager, auf der Schwäbischen Alb begann mit Schloss Grafeneck die grausame Praxis der »Vernichtung lebensunwerten Lebens«, die Deportationszüge mit württembergischen Juden verließen den »Gau« noch bis Februar 1945, als die Niederlage schon längst abzusehen war – keine Frage: Wilhelm Murr trug als mächtigster Mann von Württemberg dafür eine gewaltige Mitverantwortung, er wäre ein klarer Kandidat

Nazigrößen unter sich: Wilhelm Murr zwischen Hitler und »Reichsjugendführer« Baldur von Schirach.

für die drohenden Kriegsverbrecherprozesse und für die dort gefällten Todesurteile gewesen.

Doch wo war er abgeblieben? Nach und nach tröpfelten die ersten Informationen. Beim Vormarsch der amerikanischen und französischen Truppen auf Stuttgart war bis zum 20. April eine schmale Lücke im Neckartal freigeblieben. Und die hatte Wilhelm Murr genutzt, um sich in Richtung Schwäbische Alb abzusetzen.

Dann verloren sich die Spuren. Monat für Monat suchte man vergebens, Gerüchte schwirrten durch die Gegend: War dem Nazi über die sogenannte »Rattenlinie« die Flucht ins rettende Südamerika gelungen? Erst ein Jahr und drei Tage nach der feigen Flucht brachte eine Recherche des Journalisten Karl Aberle Licht ins braune Dunkel. Mit zehn bis unters Dach beladenen Personenwagen war Murr mit Frau Lina und Gefolge aus der Stadt getürmt, zunächst bis zum ehemaligen Kloster Urspring, zwischen Münsingen und Ulm gelegen. Ein Foto zeigt die beeindruckende Limousinenflotte vor dem hakenkreuzgeschmückten Gebäude.

Doch der flüchtende Tross sollte keine Ruhe mehr bekommen. Am 24. April war das nahe Ulm von den Amerikanern besetzt worden, hastig steuerte der Zug nach Kißlegg um, dem sich aber bereits die französische Armee näherte. Weiter ging es nach Trauchburg, wo sich – wie der Journalist Aberle schrieb – »die ganze Reichsstatthalterherrlichkeit auflöste«, Murr legte seine Parteiuniform, im Volksmund

Stuttgart im April 1945: Kurz vor der Besetzung flüchtete der württembergische Gauleiter noch aus der Stadt.

»Goldfasanenkostüm«, ab, die ersten Getreuen gingen eigene Wege. Hastig wurde die Flucht fortgesetzt, zunächst am Bodensee vorbei nach Bludenz in Vorarlberg, doch auch hier konnten Murr und seine Leute nicht bleiben. Kurz vor der Besetzung von Bludenz durch die Franzosen flüchtete er mit seiner Frau und ein paar wenigen Übriggebliebenen zu Fuß auf die Biberacher Hütte, wo er bis zum 12. Mai blieb. Als auch dieser Unterschlupf ihm nicht mehr sicher erschien, wechselte er auf eine unbewohnte Almhütte oberhalb von Schröcken, wo die Gruppe am folgenden Morgen von einer französischen Patrouille aufgespürt und verhaftet wurde.

Murr und seine Frau wurden von den Soldaten nicht erkannt und gaben sich deshalb als Walter und Luise Müller aus. Das Paar wurde ins nahe Egg mitgenommen, dort wurde es getrennt: Murr saß im Saal des Gasthauses »Löwen« fest, seine Frau etwas entfernt in einer Scheune. Offenbar war Lina Murr als frühere First Lady Württembergs von der Flucht und der Gefangenschaft so schockiert, dass sie noch in der Nacht zum 14. Mai 1945 eine Giftpille, die sie wie ihr Mann ständig mit sich führte, nahm und starb. Als Murr am nächsten Morgen die Leiche seiner Frau identifizieren musste, schob er sich ebenfalls das schnellwirkende Gift in den Mund und starb kurz darauf. Da ihre Wächter immer noch nicht wussten, wen sie da gefangen genommen hatten, wurden die Toten als Walter und Luise Müller auf dem Friedhof in Egg bestattet.

Erster Fluchtort Murrs: das Kloster Urspring in Schelklingen auf der Schwäbischen Alb.

Währenddessen lief die Fahndung nach Murr ständig weiter. Erst Monate nach dem Selbstmord kam der Verdacht auf, es könne sich bei den Leichen in Egg um das Ehepaar Murr handeln. Am 16. April 1946 – also elf Monate nach der Beerdigung – ließen die Militärbehörden die Leichen exhumieren, anhand des Gebisses konnte Murrs Stuttgarter Zahnarzt die Identität des Gesuchten feststellen – die Jagd war zu Ende.

In Stuttgart hatten derweil die Amerikaner die Besatzungszone von den Franzosen übernommen, im April 1946 waren die Lebensmittelzuteilungen von sehr kärglichen 970 Kalorien auf immer noch kärgliche 1200–1300 hochgesetzt worden, in der zu fast 70 Prozent zerstörten Innenstadt begann langsam der Wiederaufbau. Erst 1953 sollte vermeldet werden: »Stuttgart ist trümmerfrei!« Die Schrecken der Nazidiktatur und des Krieges verblassten.

Die Biberacher Hütte in Vorarlberg: Selbst im Gebirge waren die Flüchtlinge nicht mehr sicher.

Wie es Schwäbisch Gmünd immer wieder in die Weltpresse schaffte

Schwäbisch Gmünd, 7. und 8. Juli 1951: Der Krieg liegt sechs Jahre zurück, es ist wieder so etwas wie Normalität eingezogen. Im Schießtal-Bad in der Richard-Bullinger-Straße findet ein Schwimmländerkampf Deutschland gegen Italien statt – das herausragende Ergebnis: Der 22 Jahre alte Italiener Carlo Pedersoli unterbietet auf 100 Meter Freistil mit 59,8 Sekunden den Europarekord. Der drahtige Modellathlet erobert sofort die Herzen der Zuschauer, 60 Jahre später wird der Stadtrat das Schwimmbad nach ihm benennen.

Zugegeben: Diese Geschichte klingt jetzt nicht sooo rasend spannend. Und falls Sie bereits auf Google Maps sein sollten: Ein Carlo-Pedersoli-Bad werden Sie in Schwäbisch Gmünd nicht finden.

Das liegt daran, dass der Italiener – wie viele Sportler in dieser Zeit – eine kleine Filmrolle angeboten bekam. Nichts Spektakuläres, aber die Leute mochten seine bärbeißige Art zu spielen. Und irgendwann riet ihm ein Agent, einen Künstlernamen anzunehmen. Die Suche sei ihm nicht schwergefallen, wird Pedersoli später erzählen, er habe gerade eine Flasche Budweiser in der Hand gehabt und an seinen Lieblingsschauspieler Spencer Tracy gedacht – nach fünf Sekunden stand das Pseudonym: Pedersoli hieß fortan Bud Spencer. Und als 1971 die Westernparodie »Vier Fäuste für ein Halleluja« durch die Decke schoss, kannte die ganze Welt diesen Namen.

So stand am 2. Dezember 2011 in Schwäbisch Gmünd die feierliche Umbenennung des Schießtal-Bades in Bud-Spencer-Bad auf dem Programm. Dabei geriet der Umstand etwas in Vergessenheit, dass die Namensgebung eigentlich nur ein Kompromiss gewesen war – aus purer Not geboren, nichtsdestotrotz genial.

Die Vorgeschichte: Als eine Ortsumgehung mit Tunnel der vielbefahrenen B 29 – mit 280 Millionen Euro Baukosten das bis dato teuerste Straßenbauprojekt der Republik – fertiggestellt wurde, kam die Stadtspitze auf die Idee, doch alle Gmünder an der Namensgebung dafür zu beteiligen, und rief dazu auf, Namensvorschläge zu machen. Nun ist Bürgerbeteiligung an sich eine wunderbare

Rekordschwimmer statt Filmstar: Als Bud Spencer in den 1950ern noch Carlo Pedersoli war.

60 Jahre danach: Seit 2011 heißt das Gmünder Schießtal-Bad Bud-Spencer-Bad.

Sache, urdemokratisch und den lokalen Zusammenhalt fördernd, allerdings muss man es auch aushalten können, dass nicht jeder bereit ist, auf diesem Instrument mit dem erwarteten Bierernst zu spielen. Jedenfalls gingen 114 542 Vorschläge auf dem Amt ein, die Röhre doch »Bud-Spencer-Tunnel« zu nennen – alle anderen Anregungen rangierten zahlenmäßig unter »ferner liefen«. Kein Zweifel: Die Gmünder Stadtoberen waren Opfer einer Spaßguerilla geworden.

Was nun? Ein solches Prestigeprojekt nach einem Haudrauf-Mimen zu benennen, das ging ja wohl gar nicht, da waren sich alle Verantwortlichen einig. Allerdings konnten die Vorschläge nicht so einfach unter den Tisch fallen, nach dem Auswahlverfahren: »Welcher ist ernst gemeint? Welcher nicht?«. In Schwäbisch Gmünd begannen die Köpfe zu rauchen: Wie konnte man aus dieser Nummer nur wieder rauskommen?

Aber da ja – um es mit Ernst Bloch zu sagen – Not denken lehrt, kam man auf die smarte Idee, nicht den Tunnel, sondern das Freibad nach der Hollywoodgröße zu benennen, immerhin hatte der Mann ja dort mal einen Rekord geschwommen. Und darauf ließen sich auch die Spaßguerilleros ein, vor allem nachdem es dem örtlichen Schwimmverein gelungen war, den mittlerweile 82 Jahre alten Weltstar höchstpersönlich für die Taufe zu gewinnen. Der anarchistische Hoax hatte sich in einen cleveren Mediencoup verwandelt.

Schwäbisch Gmünd: Die kleine Stadt schaffte es immer wieder in die Weltpresse.

Bei seinem Besuch in Schwäbisch Gmünd wurde der Mann allerdings auch daran erinnert, dass er im Sommer 1951 wohl nicht die ganze Zeit im Schwimmbecken verbracht hatte. *Schlank und kräftig gebaut war der Römer. Ein Blickfang natürlich vor allem für die Frauenwelt,* berichteten die »Stuttgarter Nachrichten«. *Carlo Pedersoli schwamm in Schwäbisch Gmünd nicht nur Europarekord, der gut aussehende Athlet hatte auch Zeit und Muße, sich in eine hübsche Gmünder Bäckerstochter zu vergucken. Nur eine »Sommerromanze« sei's gewesen, erzählte die später nach Amerika ausgewanderte und zwischenzeitlich verstorbene Gmünderin eher bescheiden. Ein tiefsinniges und vornehm schweigendes Lächeln ging stets über Bud Spencers Gesicht, als er bei seinem letzten Besuch in Gmünd immer wieder auf das Techtelmechtel angesprochen wurde* (1) – ein Mann mit Stil!

Als der sichtlich gerührte Hollywoodstar an dem Festakt im Schießtal teilnahm, war selbstredend das Medieninteresse gigantisch, in unzähligen Ländern wurde über das Spektakel berichtet. Schwäbisch Gmünd war in der Weltpresse. Wieder einmal.

Der andere Grund, warum der Name »Schwabisch Gmund« immer wieder in so renommierten Postillen wie »The Times«, »Washington Post« oder »Le Monde« auftauchte, war die 56th Field Artillery Brigade der USA, die in der Stadt stationiert war. Sie war zuständig für Wartung, Transport und – im Ernstfall – Einsatz einer Waffe, die die Emotionen anheizte wie zuvor vielleicht nur die Atombombe: die »Pershing II«. Die Mittelstrecken-Rakete mit atomarem Sprengkopf war nach dem NATO-Doppelbeschluss von 1979 in Deutschland stationiert worden, eine Antwort auf die Stationierung von »SS 20«-Raketen durch die Sowjetunion. Wilde Jahre begannen damit in Schwäbisch Gmünd. Denn einer der drei deutschen Stationierungsorte der Pershings war die sechs Autominuten entfernte Mutlanger Heide. »Unser Mut wird langen« war einer der Slogans von Friedensaktivisten, die sich vor den Toren des US-Stützpunkts festsetzten, es entstand die legendäre Pressehütte, in der der Widerstand der Raketengegner organisiert und in die Welt kommuniziert wurde. Legendär ist auch die Entwicklung von Strategien des sogenannten »Zivilen Ungehorsams« mit zum Beispiel Menschenketten oder mit Sitzblockaden vor den Einfahrten des Militärgeländes. Viele Prominente nahmen daran teil: der Politiker Oskar Lafontaine, der Schriftsteller Heinrich Böll, die Grünen-Ikone Petra Kelly, der Tübinger Rhetorikprofessor Walter Jens – Mutlangen bei Schwäbisch Gmünd wurde zu einer der wichtigsten Anlaufstellen der weltweiten Friedensbewegung.

Doch dann kamen Politiker wie Gorbatschow, Tauwetter-Perioden wie Glasnost und Perestroika und als krönender Abschluss die deutsche Wiedervereinigung. Der Kalte Krieg schien beendet, die Pershings wurden nicht mehr gebraucht, nach Abschluss des INF-Vertrags zwischen den USA und der Sowjetunion wurden die Raketen 1990 aus Mutlangen abgezogen. Wo sie stationiert waren, ist heute ein Wohngebiet, an die wechselvolle Zeit der Mutlanger Heide erinnern dort nur noch die übriggebliebene »Pressehütte« und ein 2007 angelegter Geschichtspfad.

Zitat: (1) www.stuttgarter-nachrichten.de/inhalt.trauer-in-schwaebisch-gmuend-wie-die-stadt-zum-bud-spencer-bad-kam.575b0f8c-13c0-40e4-a16c-33732396ce9b.html

Die »Pershing II« machte Schwäbisch Gmünd zu einem Zentrum der Friedensbewegung.

Dokumentation des Widerstands gegen die Nachrüstung an der Pressehütte Mutlangen.

Aufruhr im »Adler« – Wie ein Dorfgasthof einen Nobelpreisträger hervorbrachte

Die Schwaden dichten Pfeifen- und Zigarettenrauchs waren abgezogen. Im Landgasthof »Adler« zu Großholzleute im Allgäu schwang unter Hirschgeweihen der Schriftsteller Hans Werner Richter eine Kuhglocke und mühte sich ab, ein gutes Schock Literaten, Literatinnen und Literaten-Ehefrauen zur Ruhe und Raison zu bringen.

Im Sessel rechts neben ihm, die Lippen unter dem schwarzen Schnauzbart zu verbissenem Lächeln verzerrt, beide Hände an einen Packen Manuskriptpapier geklammert, erprobte währenddessen ein junger Autor Atemtechniken (1).

So beschreibt »Der Spiegel« Ort und Atmosphäre einer Versammlung, die von den einen als »Hinrichtungsstätte«, von anderen als »Sprungbrett« gesehen wird. Die Rede ist von einem Treffen der »Gruppe 47«, in der deutsche Literaten zusammenkamen. Hans-Werner Richter, ein selbst nicht sehr erfolgreicher Autor, lud seit 1947 zu diesen Treffen ein. Er suchte dafür gern abgelegene Orte abseits der Metropolen aus, jetzt, 1958, war Großholzleute am Fuß des Schwarzen Grats im württembergischen Allgäu dran. Der »Adler« war zwar ein typisches Landgasthaus, aber eines mit Vergangenheit. Während des Bauernkrieges 1525 war der Gasthof Versammlungsort der aufständischen Bauern gewesen, im Jahr 1768 übernachtete hier die Erzherzogin Maria Theresia von Österreich mit ihrem Gefolge, 1770 stand Marie Antoinette, die spätere Königin von Frankreich, auf der Gästeliste, viele Jahrzehnte später, 1987, würde noch die britische Prinzessin Anne dazukommen.

Nun war es die Crème de la crème der jungen deutschen Literatur, die sich im »Adler« traf. Hans Werner Richter, der im Lauf der Jahre zum unumschränkten Alleinherrscher der »Gruppe 47« wurde, hatte ganz eigene Regeln eingeführt. Zu jedem Treffen wurde ein Autor nach Richters Wahl eingeladen, der dann – auf einem Stuhl neben ihm sitzend – der Meute von Autoren, Kritikern und Feuilletonjournalisten sein Werk präsentieren durfte oder musste. Und danach galt »Feuer frei!«. Wichtig dabei: Der Autor durfte nicht mitdiskutieren, er durfte nur eines, nämlich alles über sich ergehen lassen. Und das, was er zu hören bekam, hatte sich nur allzu oft gewaschen. In der Nachkriegszeit war, nach Jahren des »Schnauze-Haltens« im NS-Staat, nicht nur die Diskutierlust groß, sondern auch die Freude darüber, ungestraft seine Meinung sagen zu dürfen – klarer ausgedrückt: Bei diesen Treffen flogen die Fetzen! Ein Übersiedler aus Polen tat sich dabei mit besonders spitzen Bemerkungen hervor, in den kommenden Jahren bis zu seinem Tod 2013 würde sich Marcel Reich-Ranicki zum gefürchtetsten aller Kritiker Deutschlands entwickeln.

Dieses Setting war der Grund dafür, dass der junge Autor vom Beginn der Geschichte mit besagtem verbissenen Lächeln und den nervösen Händen vor dieser blutrünstigen Meute saß. Er kannte das mitleidlose Prozedere schließlich von zwei früheren Treffen. Bei seiner ersten Einladung 1955 in Berlin hatte er es von Anfang an mit einem gewaltigen Startnachteil zu tun gehabt: Richter mochte ihn nicht be-

Der Gasthof »Adler« in Großholzleute: Selbst Marie Antoinette und Maria Theresia nächtigten schon hier.

sonders. Er hatte den Namen des Autors noch nie gehört, wusste nur, dass er studierter Bildhauer mit ein paar ersten literarischen Gehversuchen war – was hatte so einer bei einem Treffen hochkarätiger Literaten zu suchen? Aber einer von Richters Mitarbeitern nervte ihn so lang, den Mann einzuladen, dass er schließlich seufzend nachgab.

Als der Mann dann am 13. Mai 1955 in Berlin zur Tür hereinkam, sah sich Richter in seinen Vorurteilen mehr als bestätigt: *Er sah verwegen aus, etwas heruntergekommen (...), desperat wie ein bettelnder Zigeuner* (2). Kein Zweifel, es würde schwer werden für diesen ungepflegt wirkenden Nobody, dessen Namen sich Richter zunächst nur mühsam merken konnte: Günter ... wie war der Nachname doch noch mal? ... Ach ja: Grass. Oder so ähnlich ...

Jetzt, drei Jahre später in Großholzleute, hatte sich zwar Richters Meinung geändert, noch nicht aber das etwas abgerissene Äußere des Mannes. Grass, geboren 1927 in Danzig, lebte mit seiner Frau Anna, einer Ballettstudentin, und den gerade geborenen Zwillingen unter prekären Verhältnissen in Paris, der Alltag der jungen Familie war von chronischer Geldnot geprägt. Da die »Gruppe 47« Preisgelder für Nachwuchstalente ausgelobt hatte, ging es für Günter Grass um viel an diesem Tag im Gasthof »Adler«.

Mitgebracht hatte er Fragmente eines Romans, an dem er gerade schrieb. *Nach einem letzten Blick in den Halbkreis grinsender, flüsternder und gähnender Gesichter begann er zu lesen* (3). Hans-Werner Richter erinnerte sich: *Ich erwarte nichts Besonderes, nur wieder das, was ich schon kenne* (4). Von wegen! Schon gleich zu

Günter Grass 1958 mit einem seiner Söhne: Das Jahr brachte ihm den internationalen Durchbruch.

Anfang geht es richtig ab: Die Großmutter des Ich-Erzählers Oskar arbeitet gerade auf einem kasubischen Kartoffelacker, als sie einen Mann entdeckt, der vor zwei Polizisten davonläuft. Kurz entschlossen schiebt sie ihn unter ihre vier weiten Röcke und hält ihn dort versteckt, bis die Gendarmen abgezogen sind. Was der Autor anklingen lässt, aber nicht deutlich ausspricht: Der so Versteckte nutzt die Situation schamlos aus, jedenfalls entsteht in dem engen Zeitfenster unter dem weiten Gewand neues Leben: Oskars Mutter. Wow. Sehr schräg.

Aber bitte jetzt nicht über die physische Machbarkeit nachdenken! Es ist Literatur! Fiktion!! Kunst!!! Lassen Sie uns stattdessen über die Sprache reden, denn die hatte es in sich. Der zentrale Teil der Vier-Röcke-Story ist zum Beispiel in einen einzigen Satz gepackt, eine Endlosschlange von 208 Wörtern, zusammengehalten von 28 Kommas und 2 Semikolons. Wenn so etwas vorgelesen wird, heißt das: 28 plus zwei Mal die Stimme anheben, statt sie zu senken, kaum Gelegenheiten, Pausen zu setzen. Das erzeugt eine wilde Atemlosigkeit, ein hämmerndes Sprachstakkato – es ist ein Stil, den es damals so noch nicht gab.

Und auch bei vielen weiteren Szenenideen würde sich heute der eine oder die andere vielleicht fragen, was der Mann vor dem Schreiben geraucht hat. War in der Pfeife wirklich nur Tabak?

Da gibt es ein Kind, das im Alter von drei Jahren nach dem Sturz von einer Kellertreppe beschließt, mit dem Wachsen aufzuhören, ein Kindermädchen, das den Buben Brausepulver aus ihrem Bauchnabel lecken lässt, die Stimme des Kleinwüchsigen erreicht eine Frequenz, die Glas zerspringen lässt, der Junge zerschreit so die Fenster seines Klassenzimmers, die Brille einer Lehrerin, die Scheiben des Stadttheaters oder die Praxis eines Arztes. Und, und, und ... Weil dieser klein gebliebene Oskar Matzerath unablässig ein Schlaginstrument bearbeitet, bekommt der Roman den Titel »Die Blechtrommel«.

Die Fähigkeit, mittels meiner Kinderblechtrommel zwischen mir und den Erwachsenen eine notwendige Distanz ertrommeln zu können, zeigte sich kurz nach dem Sturz von der Kellertreppe fast gleichzeitig mit dem Lautwerden einer Stimme, die es mir ermöglichte, in derart hoher Lage anhaltend und vibrierend zu singen, zu schreien oder schreiend zu singen, daß niemand es wagte, mir meine Trommel, die ihm die Ohren welk werden ließ, wegzunehmen; denn wenn mir die Trommel genommen wurde, schrie ich, und wenn ich schrie, zersprang Kostbarstes ... – bis zum erlösenden Satzende folgen jetzt noch 59 Worte, 6 Kommas, 3 Semikolons und ein Doppelpunkt (5).

Im Saal des »Adler« blieb es während des Grass-Vortrags still, merkwürdigerweise. Die blutgierige Kritikermeute, die in den Jahren davor schon über Jungstars wie Günter Eich, Heinrich Böll, Ilse Aichinger, Ingeborg Bachmann oder Martin Walser hergefallen war, schluckte übliche Hohnlacher und gallige Zwischenrufe hinunter – und hörte zunehmend elektrisiert zu.

Doch dann – so berichtet ein Augenzeuge – sprangen einige ungestüm auf und rannten aus dem Saal. Das war jedoch kein provozierender Protest mit den Füßen, sondern lediglich dem Umstand geschuldet, dass wir uns 1958 noch im Jahr 15 vor der Erfindung des Handys befinden. Die vermeintlich Flüchtenden, allesamt Mitarbeiter von Verlagen, hatten nämlich ein gemeinsames Ziel: das einzige Telefon weit und breit – und das stand am Tresen des »Adler«. Es begann ein zähes Ringen um Wählscheibe und Hörer, jeder wollte von seiner Verlagsleitung ein schnelles

»Go!« für einen ordentlichen Vorschuss bekommen, um den jungen Mann und sein vielversprechendes Werk unter Vertrag nehmen zu können.

Mittlerweile weiß man ja, wer damals das Rennen machte: der Verlag Hermann Luchterhand, mit dem Grass vorher schon eine lockere Abmachung gehabt hatte. Die Kritiker überschlugen sich vor Begeisterung, bis – natürlich! – auf einen: *Seine große stilistische Begabung wird dem Grass zum Verhängnis. Denn er kann die Worte nicht halten. Sie gehen mit ihm durch. Er wird immer wieder geschwätzig. Wäre der Roman um mindestens zweihundert Seiten kürzer, er wäre – wenn auch sicher kein bedeutendes Werk – doch weit besser,* urteilte Marcel Reich-Ranicki in der »Zeit« (6). Nun ja, die übergroße Mehrheit sah das anders, jedenfalls wurde die »Blechtrommel« zu einem der meistgelesenen Romane der Nachkriegszeit.

Vielleicht noch ein paar Worte zum Atmosphärischen bei den Treffen der »Gruppe 47«. *Zwischen Katerfrühstück und abendlicher Enthemmung bei Whisky und Wein verbringen sie gequält duldend acht bis zehn Stunden am Tag mit dem Versuch, den Gedichten, Erzählungen, Romankapiteln und dramatischen Szenen ihrer Konkurrenten zuzuhören,* schrieb der »Spiegel« (7).

Alkoholgesättigte Nächte und darauf folgend dementsprechend verkaterte Morgenstunden – aber die miese Brummschädel-Laune konnte man ja ungestraft an den Nachwuchsautoren und -autorinnen auslassen. »Hatte die Gruppe auch ein erotisches Leben?«, wollte der »Spiegel« einmal von Marcel Reich-Ranicki wissen, der daraufhin erstaunlich offen aus dem Nähkästchen plauderte: *Soviel darf ich Ihnen verraten: Wenn Autorinnen mit ihren Ehemännern anreisten, war das nicht gern gesehen. Eine berühmte Anekdote dreht sich um Heinrich Böll. Ich kann für nichts garantieren, wahrscheinlich stimmt kein Wort. Er soll des Nachts ins Zimmer von Ilse Aichinger geschlichen sein – dort war aber schon Günter Eich ...* (8)

Vor allem die harte Gruppenkritik geriet immer stärker ins Visier vieler Kulturschaffender: Von einem »kritischen Gemetzel« einer »literarischen Halbstarkenjugend« war die Rede, Thomas Mann bezeichnete die Gruppe als »pöbelhaft«, Elfriede Jelinek nannte sie eine »Sadistenvereinigung«.

Trotz alledem: Grass überlebte die Rituale der »Gruppe 47«. Und wurde durch die Veranstaltung im »Adler« zum Weltstar, der 1999 noch die allerhöchsten Weihen, den Literatur-Nobelpreis, entgegennehmen durfte.

Was damals Leser und Kritiker faszinierte: Die »Blechtrommel« ist voller absurder Szenen. Da zieht ein Fischhändler Aale aus einem verwesten Pferdekopf, den er zuvor ins Danziger Hafenbecken geworfen hat, ein Gemüsehändler erhängt sich, wiegt aber davor sein Gewicht noch exakt in Kartoffeln auf, in einer Kirche beginnt eine Jesusfigur mit dem Kleinwüchsigen zu reden. Als der Gottessohn ihn fragt, ob er ihn liebe, antwortet der jedoch mit »Nein!« und bricht ihm zur Bekräftigung eine seiner Gipszehen ab.

Oskar wird noch in Auseinandersetzungen mit den Nazis verwickelt, tritt aber dann später doch in einem Fronttheater am Atlantikwall auf, zieht kurzzeitig als Aktmodell blank, wird Chef einer Diebesbande, in Düsseldorf jobbt er im »Zwiebelkeller«, einem Lokal, das seinen zahlenden Gästen nur Zwiebeln samt Schneidebrett und Messer vorsetzt, damit sie sich mal so richtig ausweinen können. Und, ach ja, bei der Beerdigung seines Vaters beschließt er, wieder mit dem Wachsen zu beginnen.

Weltliteratur in Voralpenidylle: Großholzleute auf einer Postkarte von 1908.

Mehr davon? Gehen Sie gerne auf Entdeckungstour in dem 770-Seiten-Œuvre. Denjenigen, denen das im wahrsten Wortsinne zu vielseitig erscheint, sei dies ein Trost: Die rund 204 000 Wörter der »Blechtrommel« sind in erstaunlich wenig Sätze verpackt. Allerdings: Die sind voller Kommas.

Zitate: (1) www.spiegel.de/politik/richters-richtfest-a-9a5de268-0002-0001-0000-000045124094
(2) Nicola Herweg, Günter Grass' »Blechtrommel« in Großholzleute, Marbach am Neckar 2017, S. 3
(3) www.spiegel.de/politik/richters-richtfest-a-9a5de268-0002-0001-0000-000045124094
(4) Nicola Herweg, Günter Grass' »Blechtrommel« in Großholzleute, S. 7
(5) Günter Grass, Die Blechtrommel, München 2017, S. 75
(6) Marcel Reich-Ranicki, Auf gut Glück getrommelt, in: »Die Zeit« 1/1960
(7) www.spiegel.de/politik/richters-richtfest-a-9a5de268-0002-0001-0000-000045124094
(8) www.spiegel.de/kultur/mancher-dichter-fand-es-grausam-a-23ba9391-0002-0001-0000-000008777513

Düstere Zeiten für Bad Boll: Vom Kurbad Churchills zum Terroristen-Versteck?

Die vermummten Männer kommen im Morgengrauen, innerhalb weniger Sekunden sind alle Gebäude in dem zugewucherten Gelände umstellt, dann das Kommando »Zugriff!«. Es ist Anfang Oktober 1977, seit Wochen suchen Tausende Sicherheitskräfte fieberhaft nach Arbeitgeberpräsident Hanns Martin Schleyer, der am 5. September von einem Kommando der »Rote Armee Fraktion« (RAF) in Köln entführt worden ist, Schleyers Fahrer und drei Sicherheitsbeamte wurden bei dem Überfall ermordet.

Überall in der Bundesrepublik werden mögliche RAF-Schlupfwinkel durchkämmt, jetzt ist Bad Boll dran. Nicht das Bad Boll mit der renommierten Evangelischen Akademie im Landkreis Göppingen, sondern das Bad Boll in der Wutachschlucht bei Bonndorf im Schwarzwald, ein Ort, der einen Sturz aus den Höhen eines Kurbades von Weltrang in die Tiefen einer Wüstung hinter sich hat – »Wüstung« nennt man eine aufgegebene Siedlung, die nach und nach wieder von der Natur zurückerobert wird.

Der Grund für die Aktion des Sondereinsatzkommandos an diesem kalten Oktobermorgen: Drei RAF-Mitglieder stammen aus der näheren Gegend, Christian Klar aus Freiburg, Adelheid Schulz aus Lörrach und Knut Folkerts aus Singen. Sie könnten das einsam gelegene und verlassene Grundstück kennen und als Versteck für ihr entführtes Opfer nutzen ...

Rückblick vom Tiefpunkt in die goldenen Zeiten vor dem Ersten Weltkrieg, als Gäste aus aller Welt nach Bad Boll kamen, wie Großbritanniens späterer Premier Winston Churchill. Oder die australische Schriftstellerin Ida Alexa Ross – kurz I. A. R. – Wylie, deren weit über 50 Romane in Hollywood von hochkarätigen Regisseuren wie John Ford filmisch umgesetzt und deren Charaktere von Mega-Stars wie Ginger Rogers, Grace Kelly, Katherine Hepburn, Joan Crawford, Spencer Tracy, Douglas Fairbanks oder James Stewart verkörpert wurden. Ihren Besuch in Bad Boll im Sommer 1910 zusammen mit einer Bekannten hat Wylie in ihrem Buch »Rambles in the Black Forest« – Streifzüge durch den Schwarzwald – verarbeitet.

Abenteuerlich war schon die Anreise von Singen her: ... *als wir auf der Hoteltreppe stehend auf den Mercedes warteten, unterbrach ein großer Tumult die friedliche Morgenstille, ein schriller Ton eines Signalhorns, dann der Ruf einer Trompete, als ob die Ankunft des rettenden Lohengrin angekündigt würde, dann ein furchtbares Rattern und Kettenrasseln und unser Mercedes schnaubte um die Ecke* (1). Der Beschreibung nach war das ein »Benz Parsifal«, ein Zweizylinder, gerade mal 10 PS und Kardanantrieb, natürlich mit Chauffeur: *Unser Vorwärtskommen durch Singen war triumphal. Da keine Hügel zu bewältigen waren, schnurrte unser kleines Auto mit großer Geschwindigkeit dahin, womöglich mit 22 Kilometer pro Stunde, und das laute Tuten unseres Horns, welches 10 Töne im Register hatte, erreichte fast Wagner-Motive und brachte die halbe Stadt zum Staunen und Bewundern.* Und irgendwann

Die Kapelle ist das einzige Gebäude, das heute von dem Kurbad übrig ist.

hatte das Schnauferl mit den beiden Ladys das rund 60 Kilometer entfernte Bonndorf durchquert: *Eine schmale Straße, direkt in das Herz des Waldes geschnitten, führte mit einer bedrohlichen Steilheit abwärts, welche sogar unseren Chauffeur zum bedenklichen Kopfschütteln brachte (...). In der Ferne hörten wir das dumpfe Dröhnen eines angeschwollenen Flusses, und dann, mit einer Plötzlichkeit, an die man sich im Schwarzwald allmählich gewöhnt, endete die Straße. Ein angenehm aussehendes, weiß gewaschenes Haus, über dessen einladendes Gesicht in großen Buchstaben »BAD BOLL« geschrieben stand, sagte uns, dass unsere Tagesreise zu Ende war.*

Das »dumpfe Dröhnen« des Flusses, das Mrs. Wylie beschreibt, rührte daher, dass er hinter der Einmündung der Haslach bei Gündelwangen in eine enge, 33 Kilometer lange und bis zu 170 Meter tief in den Felsboden eingegrabene Schlucht gepresst und dramatisch beschleunigt wird, weshalb der Fluss immer wieder für zerstörerische Hochwasser sorgt. Deshalb änderten die Menschen ab Schluchtanfang auch seinen Namen: Davor heißt er »Gutach« (gute Ach), danach »Wutach« (wütende Ach). Und dort unten sollten sich nun also Kurgäste von ihren Leiden erholen!

Dass die schwefelhaltige Quelle im Talgrund heilende Wirkung hatte, wusste man bereits im 15. Jahrhundert, chemische Analysen Anfang des 19. Jahrhunderts wurden konkreter: Das Wasser von Bad Boll war gut gegen *Rheumatismen aller*

Noch 1907 ein schmucker Kurort: Bad Boll in der Wutachschlucht.

Art, Gicht, chronische Hautausschläge, darunter Krätze, Milchschorfe, Flechten, dann Geschwüre und diverse Brustkrankheiten, Unterleibskrankheiten, (...) Magenschleimhautreizung, dann Neuralgien und Lähmungen, Nervenkrankheiten, Krankheiten der Schleimhäute und schließlich auch chronische Metallvergiftungen (2) – böse Zungen könnten jetzt einwerfen, dass auf dieser Liste eigentlich nur Haarausfall und Senkfüße fehlen ...

Im Lauf der Jahre war Bad Boll immer schicker geworden, das Anwesen mit Kur- und Badhaus plus Dependance hatte alles, was das verwöhnte Publikum dieser Jahre erwartete: Platz für 100 Gäste, moderne sanitäre Anlagen, einen hippen Speisesaal im Jugendstilambiente, Herren- und Damensalons mit Billardtischen und Pianos, Telefon, angeboten wurden elektrische, römisch-irische, Sol- und Fichtenbäder, es standen Räume für Inhalationen und Massagen zur Verfügung, eine Turbine mit 48 Kilowatt Leistung sorgte für Strom, draußen waren großzügige, elektrisch beleuchtete Park- und Gartenanlagen gestaltet worden, mit einem 50 Meter hohen Wasserfall, einer Allee zum Lustwandeln und einem 200 Meter langen See, der zu

Gondelfahrten lud – das alles eingebettet in eine wilde, von spektakulären Felswänden eingerahmte Flusslandschaft.

Deren Fischreichtum war ein Hauptgrund für den internationalen Erfolg dieses abgelegenen Kurorts. Bis nach England hatten sich die üppigen Fanggründe von Bach-, Lachs- und Regenbogenforellen herumgesprochen, darüber hinaus wurden auch Lachse aus dem Wasser gezogen, die über den Rhein die Wutach emporgeklettert waren. Nach einer Anwendung ein paar Fische aus dem Wasser holen, das war ganz nach dem Geschmack englischer Gentlemen. Deshalb übernahm 1894 nach dem plötzlichen Tod des umtriebigen Machers Carl Schuster der Londoner Fishing Club Limited das Anwesen.

Doch bereits in den ersten Jahren des 20. Jahrhunderts begann der Niedergang der Wildwasser-Herrlichkeit. Grund war die rund zwanzig Kilometer flussaufwärts gelegene Zellstoff- und Papierfabrik des Max Egon Fürst zu Fürstenberg in Neustadt. Dort wurden die Abwässer mit ätzenden Bleichmitteln, scharfen Laugen, hochbelasteten Schlämmen und zähen Faserrückständen ungeklärt in die Wutach eingeleitet. Je erfolgreicher die Papierproduktion des Fürsten wurde, desto mehr Abwasser fiel an.

Und damals hinterfragte das noch niemand kritisch – im Gegenteil: *Die Ableitung der Fabrikwässer in die Flüsse ist notwendig und berechtigt. Die Flüsse sind als die natürlichen Ableiter der Abwässer anzusehen und zu benutzen,* schrieb zum Beispiel der Verein zur Wahrung der Interessen der chemischen Industrie Deutschlands (3) – die Entwicklung der deutschen Flüsse zu stinkenden Kloaken hatte begonnen. Den Verein, der das so überzeugt propagierte, gibt es übrigens heute immer noch, nur hat er inzwischen seinen Namen geändert, er heißt jetzt Verband der Chemischen Industrie e. V., kurz VCI.

Was Rückstände aus der Papierherstellung in der Natur anrichten können, lässt sich an der Vergiftung von Ackerflächen in Mittelbaden aufzeigen. Sie wurden mit Kompost gedüngt, der illegal mit Papierschlämmen versetzt worden war. Die enthaltenen krebserregenden per- und polyfluorierten Chemikalien (PFC) sickerten immer tiefer in die Böden ein und vermischten sich schließlich mit dem Grundwasser. *Gemessen an der verseuchten Fläche ist der mittelbadische PFC-Skandal der*

Sie schrieb 1910 über Bad Boll: die amerikanische Schriftstellerin I. A. R. Wylie.

größte Umweltskandal der Republik, schrieb die »Frankfurter Allgemeine Zeitung«: *Auf 1188 Hektar wurden die Ackerböden zwischen Baden-Baden und Rastatt in den Jahren 2006 bis 2008 (...) verseucht. Fachleute sprechen von »Ewigkeitschemikalien«, weil sie nicht mehr entfernt werden können.* (4)

Das heißt: Was in den Böden im Rheintal den »größten Umweltskandal der Republik« auslöste, floss in Neustadt jahrzehntelang in die Wutach. Die Auswirkungen des Abwassers auf den Fischbestand waren so gravierend, dass sich der Fishing Club 1912 aus Bad Boll zurückzog. Auch lange danach kam es immer wieder zu katastrophalen Störfällen: *Das wohl verheerendste Fischsterben im November 1982 wurde durch auslaufendes Kunstharz in der Papierfabrik Neustadt verursacht. Die durch diese Katastrophe hervorgerufenen Verluste wurden auf über 95 % des Fischbestandes geschätzt. Das letzte große Fischsterben im Juli 1993 hatte seine Ursache im Austreten von Cyanidverbindungen aus einer Galvanikanlage.* (5)

Jahrzehntelang rannten Umweltschützer gegen die Giftwellen an, erst nach und nach verbesserte sich die Situation. Das Papierwerk bekam nach einem Konkurs einen neuen Besitzer, der in die Wasserreinhaltung investierte, auch die Stadt Titisee-Neustadt verbesserte ihre Kläranlagen. Allerdings: zu spät für Bad Boll!

Bereits nach dem Rückzug der britischen Angler im Jahr 1912 war es um den Kurort still geworden, die zunehmenden internationalen Spannungen, die sich dann 1914 im Ersten Weltkrieg entluden, taten ein Übriges. 1918 wurde das Anwesen an die Allgemeine Ortskrankenkasse verkauft, die daraus ein Erholungsheim für ihre Patienten machte. Bereits 1925 dann der nächste Besitzerwechsel, die Deutsche Gesellschaft für Kaufmannserholungsheime e. V. übernahm. Diese deutlich glanzlosere Existenz Bad Bolls als Erholungsheim dauerte bis nach dem Zweiten Weltkrieg, 1947 requirierte die französische Armee das Gelände und nutzte es bis 1949 als Ferienheim für Kinder ihrer Soldaten.

Da in diesen knapp vier Jahrzehnten niemand in die Anlage investierte, kam Bad Boll so herunter, dass sich bis 1960 kein Käufer mehr fand. Doch dann betrat der Freiburger Arzt Werner Schütze die Szene, ein bärtiger Kauz, der durch sein Wirken in Bad Boll in der »Bild«-Zeitung schnell zum »Liebesdoktor« avancierte, weil er es durchaus als Teil einer Therapie verstand, mit seinen weiblichen Patienten auch ins Bett zu gehen – seine Liebe wirke heilend, davon war er überzeugt. Schütze nutzte die Gebäude zunächst als Erholungsheim mit vegetarischer Kost, dann als »biologische Privatklinik« und schließlich als Therapiehof für Suchtkranke. Da Schütze – neben den Vorwürfen der sexuellen Übergriffe auf Patientinnen – auch noch in Verdacht geriet, illegale Abtreibungen vorzunehmen, wurde er 1969 verhaftet und vor Gericht gestellt. Schütze kam durch die Fürsprache einiger Frauen einigermaßen heil aus der Sache heraus, lediglich seine Approbation als Arzt wurde ausgesetzt.

In den 1970ern dann der vorletzte Akt in der Tragödie, die Nutzung als Release-Center für drogenabhängige Jugendliche, meist Schulabbrecher und Straffällige zwischen 17 und 29. Nur: Diese gesellschaftliche Randgruppe machte Probleme. In der ganzen Gegend *wurden Opferstöcke geplündert, Apotheken bestohlen, Wanderer belästigt; die Rückfallquote lag bei 90 %. Dann gab es die Öffentlichkeit, (...) die auf jeden Vorfall, sei es der Besuch von Therapiehöflern an der Ortsfastnacht in Bonndorf, sei es laute Musik, seien es die erwähnten kriminellen Vergehen in der Umgebung, seien es die besonders beargwöhnten Besuche der weiblichen Ortsjugend in Bad Boll, nicht nur höchst sensibel, sondern verständlicherweise verschreckt reagierte.* (6)

Die Eingeborenen liefen Sturm gegen die Einrichtung, vergeblich. Doch dann schuf im April 1975 ein verheerender Brand Tatsachen, er zerstörte das Kurhaus völlig. Zwar blieben noch einige Patienten in den Nebengebäuden zurück, doch der Tod Schützes 1976 war dann so etwas wie der Schlusspunkt. Bad Boll wurde verlassen, die Brandruine des Kurhauses abgerissen. Ein Versuch zweier Brüder in den 1980ern, das zugewucherte Gelände wieder zum Leben zu erwecken, scheiterte. Dann übernahm das Land. Und gab Bad Boll aus sicherheitstechnischen Überlegungen heraus den Todesstoß: Zwischen 1992 und 1993 wurden die restlichen Gebäude – bis auf die kleine Kapelle – abgerissen, es war, um es mit dem Wort des gebürtigen Südbadeners Wolfgang Schäuble zu sagen, »over«.

Eine wilde Felsenschlucht mit tosendem Fluss als Erholungsort: Bad Boll war nichts für Nervenschwache.

Die frühmorgendliche Razzia im Oktober 1977 verlief übrigens ergebnislos. Später wurde bekannt, dass die RAF Hanns Martin Schleyer zu dieser Zeit in einer Wohnung in Brüssel gefangen gehalten hatte. Am 18. Oktober – nach Bekanntwerden der »Landshut«-Befreiung und der Selbstmorde der RAF-Führungsspitze im Stammheimer Gefängnis – wurde Schleyer über die Grenze nach Frankreich gebracht und in einem Waldstück erschossen. Seine Leiche fand man einen Tag später im Kofferraum eines Audi, den seine Mörder in einem Wohngebiet von Mülhausen im Elsass abgestellt hatten.

Wenigstens die Nutzung als Terroristenversteck war Bad Boll erspart geblieben.

Zitate: (1) https://zbonndorf.de/images/Rambles-in-the-Black-Forest-deutsch.pdf
(2) Matthias Wider, Bad Boll – Werden und Vergehen einer Siedlung, 2012, S. 7
(3) Zeitschrift für angewandte Chemie, 1889, S. 497–498 f.
(4) www.faz.net/aktuell/politik/inland/umweltskandal-in-mittelbaden-streit-ueber-chemikalien-in-ackerboeden-17951149.htm
(5) www.mitwelt.org/wutach-schlucht-papierfabrik-neustadt-wasser-qualitaet
(6) Matthias Wider, Bad Boll – Werden und Vergehen einer Siedlung, 2012, S. 26

Aktenzeichen »X« ungelöst? Wie ein Erpresser die Bahn auf Trab hielt

Sie waren jung, verliebt, lebten im Rheintal zwischen Mittel- und Südbaden und hatten keine Wohnung. Aber ein Auto. Und sie kannten ein stilles Fleckchen an einem Feld- oder Waldweg. Unzähligen Gleichgesinnten blieb Ende der 1970er Jahre fast das Herz stehen, als sie plötzlich – auf dem Rücksitz atemlos miteinander beschäftigt – von einem grellen Lichtkegel angeleuchtet wurden: »Polizei! Aussteigen! Ausweise!« Wenige Jahre zuvor, bis zur Reform des Sexualstrafrechts 1973, hätte man wegen »außerehelichen Geschlechtsverkehrs« noch im Kittchen landen können. Das war ja nun Gott sei Dank Geschichte – aber was wollten die Polizisten dann, die in Scharen nachts die Fluren, Felder und Wälder des Rheintals durchstreiften und Dutzende Liebespaare aufschreckten? Sie suchten nach »Monsieur X«.

Alles beginnt im Oktober 1975. Bei der Bundesbahndirektion Karlsruhe geht ein Brief ein, der mit dem Wort »Erpressung« überschrieben ist. Der Verfasser, der sich »Monsieur X« nennt, fordert darin von der Bahn 100 000 Mark, anderenfalls werde er Zugentgleisungen und andere Unfälle verursachen. Und dann würde sich auch der Betrag verdoppeln. Um die Ernsthaftigkeit seiner Drohung zu untermauern, löst er über eine Drahtfalle die Zwangsbremsung zweier Züge aus.

Falls die Bahn jedoch auf die Forderung eingehen wolle, solle sie in der »Frankfurter Allgemeinen« zu einem vereinbarten Zeitpunkt eine Anzeige schalten, Wortlaut: »DB-Transport findet statt – Ziegler 134 399« – »Ziegler« ist der Tarnname, über den künftig alle Kommunikation laufen wird. Um die Übergabe zu besprechen, wird vereinbart, dass sich »Monsieur X« bei einer Gaststätte in Achern telefonisch meldet. Dann passiert ... nichts. Der Erpresser hat wohl mitbekommen, dass die Bahn nur zum Schein auf sein Angebot eingegangen ist und die Polizei eingeschaltet hat.

Nachdem er sich fast ein Jahr lang nicht mehr gemeldet hat, glaubt man schon, dass ihm die Sache wohl zu heiß geworden ist. Doch dann kommt

Solche festgerosteten Monsterschrauben löste »Monsieur X« gleich dutzendfach in nur einer Nacht.

Die Rheintalbahn zwischen Mannheim und Basel: Hier schlug der Bahnerpresser mehrfach zu.

der 25. August 1976. In der Nacht davor hat der Erpresser auf einem Streckenabschnitt bei Rastatt, der wegen Bauarbeiten für kurze Zeit gesperrt war, 80 Schienenbefestigungsschrauben entfernt. Ganz kurz zur Verdeutlichung, was das bedeutet, 80 Schienenbefestigungsschrauben an einem Gleis zu lösen: Diese Dinger sind a) riesengroß und b) in der Regel festgerostet. Um so etwas zu entfernen, braucht man neben einem gerüttelt Maß an krimineller Energie auch Spezialwerkzeug wie

Das Straßburger »Hôtel de Rohan«: Hier kam die Polizei auf die Spur des mutmaßlichen Täters.

den fast einen Meter hohen T-förmigen »Aufsatzschlüssel Typ 68«, laut Herstellerangaben »zum Lösen und Festziehen von Schwellen- bzw. Hakenschrauben«. Und selbst wenn Sie den haben sollten, sind die 80 zu lösenden Schrauben immer noch eine Mammutaufgabe. Aber »Monsieur X« ging sie in dieser Augustnacht an.

Im Morgengrauen passiert dann ein langsamer Güterzug die Stelle und entgleist. Der Sachschaden beträgt eine Million Mark. Aber wenigstens wird niemand verletzt – könnte man erleichtert meinen. Was die Bahnverantwortlichen jedoch bei dem Anschlag schockiert: Die Strecke ist unplanmäßig später als vorgesehen wieder für den Personenverkehr freigegeben worden, was bedeutet: Normalerweise wäre hier an diesem Mittwochmorgen ein vollbesetzter Personenzug in die Falle gerast, mit möglicherweise katastrophalen Folgen für Insassen und Begleitpersonal. Jetzt weiß man, dass man es mit einem Erpresser zu tun hatte, der vor nichts zurückschreckt.

In der Folge erhöht der Erpresser seine Forderung wie angekündigt auf 250 000 Mark. Anschließend passiert ... wiederum nichts. Sieben Monate lang herrscht gespannte Ruhe, dann, im April 1977, schlägt »Monsieur X« wieder zu – und zwar gleich in Serie: Er löst Stromleitungen und bremst damit E-Loks auf freier Strecke ab, und mehrmals hängt er Stahlbügel in die Oberleitungen, sodass sich die Stromabnehmer der Loks verhaken und Leitungen auf mehreren hundert Metern herunterreißen. In einem Fall löst er wiederum Schrauben aus den Schienen, gibt aber vorher eine Warnung durch.

Aber die Bundesbahndirektion ist immer noch nicht gewillt, zu bezahlen. Und das provoziert den Erpresser zu einem Anschlag, der ihn nur durch viel Glück nicht zum Massenmörder macht.

In der Nacht zum 17. Oktober 1977 löst er zwischen Kenzingen und Riegel in einer Kurve 132 Schrauben und verbiegt das Innengleis. Um Mitternacht rast der »Italia-Express« Kopenhagen–Rom mit 140 Kilometern in der Stunde in die Kurve und entgleist. Zwei Waggons kippen um, insgesamt 23 Personen werden zum Teil schwer verletzt. Dass es keine Toten gibt, ist nur dem glücklichen Umstand zu verdanken, dass der Schnellzug einige Minuten Verspätung hatte. Wäre er pünktlich gewesen, wäre es zur Katastrophe gekommen. Denn der Mann hat die Stelle bewusst ausgesucht: Genau hier begegnet der »Italia-Express« planmäßig einem Zug auf dem Gegengleis. Beide Züge hätten sich unweigerlich ineinander verkeilt – die Zahl der Toten und Verletzten wäre sicher hoch zweistellig gewesen.

Nicht dass in den zwei Jahren seit dem ersten von insgesamt elf maschinengeschriebenen Erpresserschreiben nichts passiert wäre: Die von »Monsieur X« bevorzugte Rheintalstrecke zwischen Mannheim und Basel wurde intensiv patrouilliert, und da der Attentäter offenbar über Insiderinformationen verfügte, hat die Polizei 500 noch aktive und ehemalige Bahnmitarbeiter überprüft und 2200 Schriftproben von Schreibmaschinen gezogen – insgesamt 740 Aktenordner füllt der Fall bereits bei der zuständigen Kripo in Baden-Baden. Trotz aller Anstrengungen: Die Ermittler tappen im Dunkeln.

Nach dem brutalen Anschlag auf den »Italia-Express« intensiviert die Polizei die Fahndung nochmals massiv. Mit Hunderten Beamten durchkämmt sie das Gelände links und rechts der Gleise, mit eben dem oben angeführten Effekt, dass sie massenweise Liebespaare aufschreckt, nur: »Monsieur X« ist nicht darunter.

Wer steckt hinter diesem Pseudonym? Die einzigen Hinweise muss die Polizei mühsam aus den Erpresserschreiben mit dem Absender »Terrorstraße in Karlsruhe« herausdestillieren. Da ist zum einen der skurrile Humor des Mannes: So hinterlässt er bei fast jedem seiner Anschläge – 13 werden es insgesamt – »herzliche Grüße von Monsieur X«. Und nach dem »Italia«-Anschlag schreibt er zu den Versuchen, über eine verschärfte Verkehrsüberwachung zum Zug zu kommen: »Es ist völlig sinnlos, nach einem Auto zu suchen, denn Monsieur X fährt mit dem sichersten Verkehrsmittel der Gegenwart – der Eisenbahn. Denn wenn er drin sitzt, entgleist der Zug bestimmt nicht.«

Was seine Forderung angeht, macht er eine Kosten-Nutzen-Rechnung auf: »Die Viertelmillion wird gegenüber den sonst zu befürchtenden Schäden eine Bagatelle sein«, und: »Mehr als 250 000 Mark will ich sowieso nicht, denn Geld verdirbt nur den Charakter.«

Dann wiederum gibt er scheinbar konkrete Hinweise. Er habe 80 000 Mark Schulden, schreibt er als Begründung für seine Erpressung. In der Folge sucht die Polizei unter Geschäftsleuten, die in finanzielle Schwierigkeiten geraten sind – vergeblich. Der Verdacht verstärkt sich, dass der Mann seine Verfolger immer wieder auf falsche Fährten locken will.

Am 20. Januar 1978 geht der Fall schließlich in der ZDF-Sendung »Aktenzeichen XY ... ungelöst« über den Äther – leider wieder ohne zählbares Ergebnis. Zunächst jedenfalls. Keiner hat den Mann jemals bei der Vorbereitung seiner Taten beobachtet, »Monsieur X« scheint aus dem Nichts aufzutauchen und danach wieder im Nichts zu verschwinden. Doch dann hilft »Kommissar Zufall«.

Straßburg, »Hôtel de Rohan«, 17–19 rue du Maroquin. Es ist Ende November 1977, als ein Junge an der Rezeption des gediegenen Hotels gleich beim Straßburger Münster einen Brief abgibt. Er ist an einen »Herrn Ziegler« adressiert, ohne Absenderangabe. Da Hotelchef Fernand Anolde den Namen nicht in seiner Gästeliste findet, schöpft er Verdacht und informiert die französische Polizei. Die öffnet den Brief und liest den erpresserischen Inhalt. Dann wird der Umschlag wieder verschlossen und in die Rezeption gelegt. Die spannende Frage ist nun: Wer wird den Brief abholen?

Der Prozess des Baden-Badener Schwurgerichts im Fall »Monsieur X« fand im Rastatter Schloss beim Amtsgericht statt.

Dann – am vierten Tag – betritt ein Mann das Hotel und fragt nach dem Brief. Monsieur Anolde folgt dem Mann heimlich, und als der in ein Auto steigt, notiert sich der Hotelier die deutsche Autonummer FR – CE 295. Jetzt hätte es schnell gehen können. Hätte.

Aber für die französische Polizei stellt sich der Fall so dar: Da man vor gut einem Monat im elsässischen Mulhouse die Leiche des von der »Rote Armee Fraktion« entführten Arbeitgeberpräsidenten Hanns Martin Schleyer gefunden hat, könnte dieser Erpresserbrief damit zu tun haben. Die Franzosen übersenden deshalb Briefinhalt und KFZ-Kennzeichen an ihre Kollegen beim baden-württembergischen Verfassungsschutz.

Dort weiß man allerdings mit den Hinweisen nichts anzufangen, die Information verschwindet in einer Schublade. Erst als ein Verfassungsschützer zwei Monate später zufällig die »XY«-Sendung sieht, kommt ihm der Gedanke, dass Brief und Autokennzeichen gar nicht mit der Schleyer-Entführung, sondern mit der Bundesbahn-Erpressung zu tun haben könnten. Offenbar braucht es aber noch ein bisschen, bis diese Erkenntnis im Kopf des Mannes heranreift, jedenfalls dauert es einen weiteren Monat, bis er die Hinweise an die federführende Kripo in Baden-Baden weiterleitet. Noch am selben Tag, am 17. Februar 1978, wird der Halter des Fahrzeugs in Freiburg festgenommen. »Monsieur X« ist gefasst. Wirklich?

Der Verdächtige heißt Hermann Kraft, ist 52 Jahre alt, Inhaber einer Handlung für Aquarienzubehör. Und er hat ein Motiv: Er spielt Roulette. Die 250 000 Mark, die er von der Bahn wollte, sollten sein finanzielles Backup für ein todsicheres System sein, vermuten die Ermittler.

Worum es ihm gegangen sein könnte, verdeutlicht ein kleines Rechenspiel. Nehmen wir an, Sie stehen im Spielcasino Baden-Baden am Roulettetisch und setzen 10 Euro auf »rot«. Nun haben Sie aber Pech, es kommt »schwarz«. Jetzt setzen Sie das Doppelte, 20 Euro, auf »rot«. Falls Sie gewinnen, bekommen Sie 40 Euro, 10 + 20 haben Sie gesetzt, Sie haben also insgesamt 10 Euro gutgemacht. So funktioniert »Martingale«, eine der gebräuchlichsten Roulette-Strategien: Wenn Sie verlieren, verdoppeln Sie einfach beim nächsten »Faites vos jeux!«.

Eine todsichere Sache, könnte man denken. Aber was ist, wenn Sie eine Pechsträhne haben? Nehmen wir an, es kommt 13-mal hintereinander »schwarz« oder »null« – dann sind schon 49 410 Euro weg. Um eine Chance zu haben, das Geld zurückzuholen, müssen Sie jetzt – falls die Bank keine Limits beim Einsatz verhängt – weitere 48 320 Euro setzen können. Das heißt: Um in dieser 14. Runde noch mithalten zu können, müssen Sie schon 97 730 Euro an Bargeld mitgebracht haben ...

In DM umgerechnet, befinden Sie sich jetzt bereits im Bereich der von »Monsieur X« verlangten Erpressersumme. Wie man in der »Permanenz«-Datenbank eines jeden Casinos nachlesen kann, werden im Roulette pro Stunde durchschnittlich 20 »Coups« gespielt, das heißt: Bei einer richtigen Pechsträhne ist so eine Summe in einer knappen Dreiviertelstunde weg!

Aber: Ist einer, der gern Roulette spielt, damit gleich verdächtig, ein Erpresser zu sein? Die Ermittler tun sich schwer mit »Monsieur X«: Es gibt zwar einige Indizien, die für Kraft als Täter sprechen, aber keine harten Beweise. Kraft ist nie bei einer der Taten beobachtet worden, bei ihm werden weder Spezialwerkzeuge für die Schienensabotage noch die drei Schreibmaschinen gefunden, auf denen die Erpresserbriefe getippt worden sind. Die Polizei hat keine Fingerabdrücke. Sicher: Kraft und »Monsieur X« haben ähnliche sprachliche Eigenheiten, so schreiben beide »Computer« mit K, beide kürzen »und« mit »u.« ab, der Erpresser sagte in einem Telefonat einmal »Ich werde Sie bei *der* Zoll anrufen« und auch Kraft macht diesen Fehler einmal. Aber: Sind das Beweise oder nur Zufälligkeiten? Ebenso ergibt die Analyse der Speichelspuren an den Klebestreifen und Briefmarken der Erpresserschreiben, dass sowohl »Monsieur X« als auch Kraft Blutgruppe null haben – wie 37 Prozent aller Bundesbürger. Ähnlich läuft es bei der Analyse der Stimme der aufgezeichneten Erpresseranrufe: Ein deutscher Fachmann stellt trotz schlechter Tonqualität Übereinstimmungen fest, ein eigens aus Israel hinzugezogener Spitzenexperte weigert sich dagegen aufgrund der schlechten

Qualität, Schlüsse zu ziehen. Dann ist da noch das Indiz der »Anschlagpause«, gemeint sind die Monate im ersten Halbjahr 1976, in denen sich »Monsieur X« nicht mehr gerührt hat. Dieser Zeitraum fiel mit einer Erkrankung Krafts zusammen, bei der er nachweislich bettlägerig war. Aber: Ist das ein Beweis?

Und so geht es weiter. Ein Verkäufer in einem Metallwarengeschäft, in dem »Monsieur X« angeblich verdächtige Schrauben gekauft hat, erkennt Kraft in der Gegenüberstellung zunächst nicht, einige Zeit später dann aber doch. Es gibt noch Hinweise, dass Lackspuren sowohl am Tatort als auch an Krafts Kleidung und in seinem Auto gefunden wurden – aber: Das sind handelsübliche Lacke.

Dazu kommt: Kraft streitet hartnäckig ab, der Erpresser zu sein. Den Brief in dem Straßburger Hotel habe er im Auftrag eines Privatdetektivs namens Alfred Brockmann abgeholt, für ihn habe er immer wieder bezahlte Botengänge ausgeführt und Telefonate mit der Bahn übernommen, wobei er da nur vorgefertigte Texte verlesen habe, deren Sinn sich ihm nicht erschlossen habe. So könne er auch die Frage nicht beantworten, warum er den Erpresserbrief, der in dem Straßburger Hotel abgegeben worden war, abgeholt hat. Allerdings: Ein Alfred Brockmann wird von den Ermittlern nicht gefunden, er existiert überhaupt nicht. Klar, meint Kraft, dann sei das eben ein Deckname, hinter dem sich wohl der wahre »Monsieur X« verberge.

Auch auf das Argument, mit seiner Verhaftung hätten sowohl die Anschläge als auch die Erpresserforderungen schlagartig aufgehört, hat Kraft eine interessante Entgegnung: Das sei ja eben die perfide Strategie des wahren »Monsieur X«, ihm durch das plötzliche Nichtstun die Schuld in die Schuhe zu schieben.

Viele Indizien, darunter ein paar mehr als wackelige, einige nicht sehr zuverlässige Zeugenaussagen und absolut keine Beweise. Das ist die Ausgangslage, als im Februar 1979 vor einer Schwurgerichtskammer, wegen des großen Andrangs ins Rastatter Schloss verlegt, der Prozess gegen Hermann Kraft beginnt. 12 Verhandlungstage später sieht es das Gericht trotz aller Schwächen der Beweislage als erwiesen an, dass der Angeklagte »Monsieur X« sei, und verurteilt ihn zu einer lebenslangen Haftstrafe.

Besonderer Anlass zur Freude herrscht daraufhin im »Hôtel de Rohan« in Straßburg. Denn der Chef bekommt die volle Belohnung von 110 000 Mark für die Ergreifung von »Monsieur X« ausbezahlt.

Doch damit ist die Geschichte noch nicht ganz zu Ende. Denn Hermann Kraft flüchtet Jahre später aus der Haft. Aus einem merkwürdigen Grund. Er hat wegen guter Führung eine Haftzeitverkürzung auf 18 Jahre erhalten, was ihm aber so nicht reicht. Kraft will weitere eineinhalb Jahre erlassen bekommen. Als dies abgelehnt wird, nützt er im September 1993 einen Freigang zur Flucht aus der Justizvollzugsanstalt Diez. In einem Brief, der wenig später bei der Gefängnisleitung eintrudelt, begründet er seine Entscheidung: Sechzehneinhalb Jahre Knast hätte er hingenommen, 18 jedoch seien zu viel. Zweieinhalb Jahre bleibt Kraft verschwunden – Anfang 1996 bittet er darum, wieder inhaftiert zu werden. Er sagt, er habe in der Zwischenzeit bei Freunden geschlafen und immer mal wieder gearbeitet.

Offenbar zog seine Flucht keine größeren Konsequenzen nach sich, denn Kraft wurde Ende der 1990er-Jahre aus der Haft entlassen. Danach lebte er im Freiburger Umland. Bis zu seinem Tod 2015 stritt er entschieden ab, »Monsieur X« gewesen zu sein.

Atom (2): Warum am Oberrhein Aufruhr herrschte, am Neckar aber alles ruhig blieb

Wie sich die Zeiten ändern. Als am 19. Juli 1973 über Rundfunk die Entscheidung bekannt gegeben wurde, dass im Örtchen Wyhl am Kaiserstuhl ein Kernkraftwerk gebaut werden sollte, standen bereits kurz nach der Sendung 27 Wyhler mit Protestplakaten auf der Dorfstraße – Auftakt zu einem 21 Jahre dauernden Kampf mit ungezählten Flugblattaktionen, Demos, Protestcamps und Gerichtsprozessen. Und einer ständig wachsenden Zahl an Unterstützern.

Als fast auf den Tag genau neun Jahre früher, am 16. Juli 1964, die atomrechtliche Genehmigung für den Bau des Atomkraftwerks Obrigheim im Neckartal bei Heilbronn beantragt worden war, passierte nichts. Die westdeutsche Protestbewegung lag eben noch in den Windeln, Rudi Dutschke sollte erst ein halbes Jahr später in den Sozialistischen Deutschen Studentenbund (SDS) aufgenommen werden. Und auf ihrer Agenda stand dann erst mal nicht der Umweltschutz, sondern der Kampf gegen schlagende Verbindungen und Atombomben und für eine Reform des Studiums, Mao, Marx und – ganz wichtig – sexuelle Befreiung.

Neun Jahre nach dem »Go« für das AKW Obrigheim, bei der Wyhl-Entscheidung, war die Welt bereits eine andere: Die Studentenbewegung war schon längst wieder abgeklungen, Benno Ohnesorg war seit sechs Jahren tot, fast fünf Jahre waren seit dem Attentat auf Rudi Dutschke vergangen und die erste RAF-Generation um Andreas Baader, Ulrike Meinhof und Gudrun Ensslin saß bereits seit einem Jahr in Untersuchungshaft.

Der Zeitraum zwischen Baubeginn des Obrigheimer Druckwasserreaktors im März 1965 über seine Inbetriebnahme im März 1969 bis zu den ersten Produktionsjahren liegt sozusagen im Windschatten einer der stürmischsten Phasen in der Geschichte der Bundesrepublik – die politisch Aktiven hatten anderes zu tun, als sich um GAU- oder Endlagerprobleme zu kümmern, solange linke Ikonen wie Ernst Bloch noch von den Segnungen des friedlichen Atoms für das Funktionieren einer klassenlosen Gesellschaft schwärmten.

Was hatte sich aber in diesen wenigen Jahren verändert? Was hatte – um im Bild der Kernphysik zu bleiben – dazu beigetragen, dass sich da bei Wyhl am Oberrhein eine kritische Masse bilden konnte, die explosiv genug war, um der Atomlobby den Super-GAU zu bescheren, dass sie zum ersten Mal in ihrer unaufhaltsam wirkenden Erfolgsgeschichte scheiterte?

Nun hatte die Welt 1972 bereits einen ersten kräftigen Weckruf erhalten. Anfang des Jahres war der legendäre Bericht »Die Grenzen des Wachstums« des »Club of Rome« veröffentlicht worden, der minutiös aufarbeitete, wie wir unseren Planeten mit unserem ewigen Fortschrittsdenken in nur wenigen Jahrzehnten zugrunde richten würden.

Der Protest hatte Erfolg: Das Atomkraftwerk Wyhl in Südbaden blieb ungebaut.

Als das AKW Obrigheim 1969 ans Netz ging, gab es die Anti-Atomkraft-Bewegung noch nicht.

Als im September des Jahres dann bekannt wurde, dass die Kernkraftwerk Süd GmbH plante, in Breisach ein Atomkraftwerk zu bauen, kam es zu ersten Protesten. Bauern und Winzer der Gegend demonstrierten mit 560 landwirtschaftlichen Fahrzeugen gegen das Vorhaben, »Lieber heute aktiv, als morgen radioaktiv« und »Kein Ruhrgebiet am Oberrhein« stand auf den Transparenten dieser noch sehr überschaubaren Aktion. Doch bereits im Oktober gingen beim Landratsamt Freiburg 65 000 Einsprüche ein, das Protestpotenzial war damit innerhalb nur eines Monats um satte 11 500 Prozent gewachsen. Das zeigte bereits: Die Region war kein einfacher Boden für solche Pläne.

Parallel dazu lief noch eine andere Sache, die als Treiber wirken sollte. Gleich jenseits der Grenze, im elsässischen Marckolsheim, wollte ein deutscher Konzern, die CWM (Chemische Werke München), ein Werk für die Herstellung von monatlich 800 Tonnen Bleioxid bauen – ein wichtiger Bestandteil zum Beispiel in Rostschutzmitteln. Nur: Dieser Bestandteil hatte es in sich. In der »Liste der Gefahrenhinweise, ergänzenden Gefahrenmerkmale und ergänzenden Kennzeichnungselemente« der Bundesanstalt für Arbeitsschutz und Arbeitsmedizin taucht Bleioxid gleich mehrfach auf:

- H302: gesundheitsschädlich bei Verschlucken,
- H332: gesundheitsschädlich bei Einatmen,
- H373: kann die Organe schädigen bei längerer oder wiederholter Exposition,
- H410: sehr giftig für Wasserorganismen mit langfristiger Wirkung.

»Nai hämmer gsait!« – Gedenkstein mit dem legendären Anti-AKW-Slogan.

Bleioxid kann Krebs und bei Schwangeren Fehlbildungen auslösen, darüber hinaus hätten giftige Abgase und Abwässer die Umwelt der vorwiegend landwirtschaftlich geprägten Region massiv belastet.

Als Folge schlossen sich 21 Umweltschutzorganisationen auf beiden Seiten des Rheins zu einer grenzüberschreitenden Organisation zusammen. Nachdem trotz zahlreicher Proteste und Einsprüche mit dem Bau begonnen wurde, erschien am Mittag des 20. September 1974 per Flugblatt der Aufruf: »Jetzt ist es soweit! Alle auf den Bauplatz nach Marckolsheim! Wer kann sofort! Sonst 18 Uhr«.

Und einige hundert Elsässer und Badener konnten. Die Bauplatzbesetzung war plötzlich Thema im Fernsehen, Radio und in den Zeitungen links und rechts des Rheins. Und schließlich – nach einigen Störmanövern seitens der Politik und des Konzerns – hatten die Aktivisten auch Erfolg. Am 25. Februar 1975 untersagte die französische Regierung der deutschen Firma CWM offiziell die Errichtung der Bleifabrik in Marckolsheim.

Das Besondere an dieser Aktion aber war nicht allein das ermutigende Ergebnis am Ende, darüber hinaus war etwas völlig Neues entstanden, etwas, was man vorher so nicht kannte: ein tiefes Gefühl der Zusammengehörigkeit, das alle gesellschaftlichen Schichten überspannte. Marckolsheim war kein üblicher Protest der Linken oder der Studentenschaft, oder wer sonst noch alles damals gern auf die Straße ging. Hier saßen Kommunisten neben Winzerinnen, Politikstudentinnen neben Bauern, Pfarrer neben Hippies, Uniprofessoren neben Hausfrauen, Handwerker neben Schülerinnen. Und – sehr wichtig – Deutsche neben Franzosen.

Und sie alle entdeckten die politische Kraft ihres gemeinsam gesprochenen alemannischen Dialekts. Der Straßburger Schriftsteller André Weckmann schrieb damals in seinem Mundartgedicht »Rhingold« geradezu hellseherisch:

En Marckelse hets aangfange
Marckelse lejt am Rhin (...)
en Marckelse han mer d demokratie entdeckt
en Marckelse han mer d granze gsprangt (1)

In Marckolsheim hatte es angefangen. Und jenseits der gesprengten Grenze, in Baden, ging es so weiter. Das alemannische »Nai hämmer gsait!« (Nein haben wir gesagt!) entwickelte sich zu einem wuchtigen Kampfslogan, der sich nun gegen die AKW-Pläne am Oberrhein richtete. Mittlerweile war der Standort geändert worden, nicht mehr in Breisach, sondern im rund 20 Kilometer nördlich gelegenen Wyhl sollten die beiden 1300-Megawatt-Druckwasserreaktoren entstehen, ein Projekt, das wiederum von den Menschen auf beiden Seiten der Grenze als Bedrohung ihrer Umwelt gesehen wurde: Franzosen und Deutsche wappneten sich zum nächsten Kampf. Und ihre Zahl wuchs unaufhörlich.

Wyhl sollte das vierte AKW in Baden-Württemberg werden. Der Bau der drei anderen –Obrigheim, Philippsburg und Neckarwestheim – war noch in relativer Ruhe über die Bühne gegangen. Sicher, Umweltschützer und Kernkraftgegner protestierten auch dort, aber dieser Widerstand war nicht zu vergleichen mit dem, was in Wyhl abging.

Zunächst glaubten die oberrheinischen Bürgerinitiativen noch an die Kraft der Argumente im demokratischen Diskurs und hofften, in den Infoveranstaltungen und Anhörungen, die das atomrechtliche Genehmigungsverfahren vorschrieb, die Betreiber überzeugen zu können. Eine dieser Veranstaltungen brachte die Stimmung jedoch zum Kippen. Zum einen ließ der Leiter der Veranstaltung nur seine eigenen Experten, nicht aber die der Atomkraftgegner zu Wort kommen, zum anderen waren diese Experten teilweise lausig vorbereitet. So wollte ein Fischereifachmann belegen, dass der Fischfang am Rhein durch das AKW nicht beeinträchtigt werde, und zeigte dazu Fotos von Flusstieren im Bereich des damals schon laufenden Kernkraftwerks Obrigheim. Einige Fischer im Publikum entdeckten aber sofort, dass viele der Tiere Geschwüre aufwiesen. Daraufhin schwächte der Experte seine Beweisführung ab und erklärte, dass man Fische aus dem direkten Umfeld eines Atomkraftwerks besser nicht essen sollte. Solche Patzer verstärkten selbst unter der konservativen Bevölkerung das Gefühl, dass sich die Regierung um ihre Gesundheit wenig schere und die Menschen vor Ort für dumm verkauft werden sollten. Nach und nach schlug Besorgnis um in blanke Wut.

Rheintallandschaft bei Wyhl.

Das kriegte dann am 8. Oktober 1976 der Landesvater am eigenen Leib zu spüren. Auf einer seiner Reisen durchs Ländle, die nach seinem Traumergebnis von 52,9 Prozent bei der letzten Landtagswahl »bisher eher fürstlichen Inspektionsreisen als demokratischen Informationsveranstaltungen geähnelt hatten« (»Die Zeit«, 15.10.1976), besuchte Hans Filbinger Kiechlinsbergen am Kaiserstuhl, um mit den ihm traditionell treu ergebenen südbadischen Winzern zu sprechen. Dachte er. Nicht aber die über hundert Menschen, die in dem Saal auf Filbinger warteten. »Sie brüllten in Sprechchören, pfiffen ihn aus, keilten ihn ein (...), schubsten ihn hin und her und richteten ihre Winzer-Fäuste gegen den hohen Herrn. Man will sogar gesehen haben, wie der Regierungschef mit Traubenmaische aus Kaiserstühler Sonnenlagen beworfen wurde – unter allen Waffen des politischen Protestes gewiß nicht die appetitlichste«, schrieb die »Zeit« weiter. Es gibt Leute, die beobachtet haben wollen, dass Filbinger seiner Schuhe ebenso verlustig ging wie einiger Knöpfe an Hose und Jackett.

War das wirklich nur ein »Aufruhr einer Minderheit von Revoluzzern«, wie Stuttgarter Regierungskreise glauben machen wollten? Oder war hier etwas Größeres entstanden? Etwas Unberechenbares? Etwas, das den inneren Frieden auf eine bislang nicht gekannte Weise beschädigen konnte?

Die Intensität der Auseinandersetzungen nahm zu. Baustopps wurden erlassen und wieder aufgehoben, das Baugelände wurde besetzt, geräumt, dann wieder besetzt. Der Riss zwischen Gegnern und Befürwortern verlief mitten durch Städte, Dörfer, Kirchengemeinden, Familien. Immer häufiger standen sich bei den Auseinandersetzungen zwischen Staatsgewalt und AKW-Gegnern Verwandte, Nachbarn, Freunde oder Bekannte gegenüber. »Borsch, komm du bloß heim!«, soll eine empörte ältere Demonstrantin gerufen haben, als sie unter den Polizisten, die den besetzten Bauplatz des AKWs räumen sollten, einen Neffen entdeckte.

Langsam begriffen die Politiker, dass die sozialen Kosten für dieses Vorhaben dabei waren, ins Unermessliche zu steigen. Und dass die kommende Landtagswahl zur Generalabrechnung mit der Regierung werden könnte. Eine kleine Timeline verdeutlicht, wie sich die Politik zunehmend von ihrem Prestigeprojekt abzusetzen begann: 1975 hatte Ministerpräsident Filbinger noch behauptet, im Ländle würden ohne Wyhl die Lichter ausgehen. 1983 verkündete sein Nachfolger Lothar Späth, Wyhl werde nicht vor 1993 gebraucht, vier Jahre später verschob er dieses Datum nochmals nach hinten, auf 2000. 1994 schließlich kam das offizielle Aus für das Projekt. 21 Jahre des Kampfes waren zu Ende.

Allerdings muss an dieser Stelle auch gesagt werden, dass der Oberrhein damit keine AKW-freie Zone war. Mitten im Kampf gegen Wyhl gingen im Januar und April 1978 die beiden Blöcke des französischen Atomkraftwerks Fessenheim ans Netz, nur einen Kilometer von der deutschen Grenze entfernt, mitten hineingesetzt in das dichtbesiedelte Dreieck der Städte Freiburg, Colmar und Basel.

Was die Demonstranten in Fessenheim und vor den Atomkraftwerken in Deutschland nicht geschafft hatten, nämlich deren Abschaltung zu erzwingen, erreichte am Ende die Atomindustrie selbst. Durch die Katastrophen von Harrisburg 1979, Tschernobyl 1986 und Fukushima 2011 ließ sich die Behauptung, Atomenergie sei eine sichere Sache, einfach nicht mehr aufrechterhalten. Ein Blick auf Baden-Württembergs ältesten Reaktor verdeutlicht das: Die 37 Jahre, in denen das AKW Ob-

Schutzmaßnahmen für den GAU: deutsche Evakuierungszonen des elsässischen AKW Fessenheim.

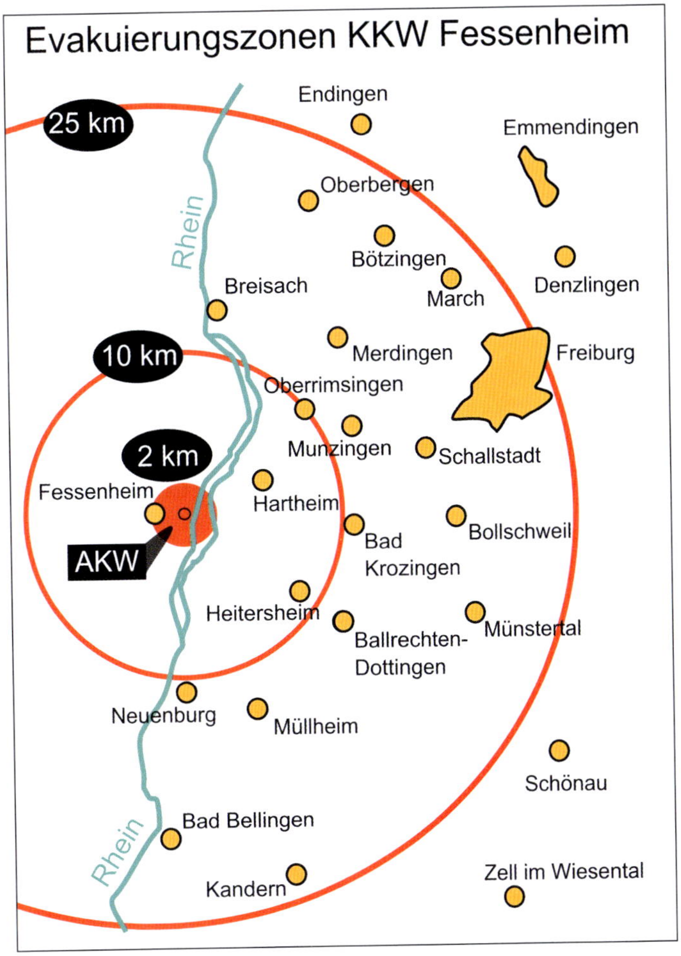

righeim am Netz war, gingen alles andere als störungsfrei ins Land. 267 meldepflichtige Ereignisse traten in dieser Zeit auf: *1969 wurden bei zwei Zwischenfällen radioaktives Xenon und Jod freigesetzt; im gleichen Jahr kam es zu sechs Stillständen wegen verschiedener Ursachen. Der Reaktor musste mehrmals wegen Störfällen abgeschaltet werden, wie beispielsweise 1972, als ein Entwässerungsbehälter brach und kontaminiertes Wasser freisetzte, wobei die Turbinen verstrahlt wurden. Nach einem Bericht der Bundesatomaufsicht an das Bundesumweltministerium von 2002 wurde der Reaktor von 1991 bis 2001 nicht gemäß der Sicherheitsvorschriften betrieben. Ein Störfall wegen eines Kühlmittelverlustes hätte sich deswegen jederzeit ereignen können,* fasst die Seite »AtomkraftwerkePlag« (2) zusammen. Vor allem den letzten Satz muss man sich vergegenwärtigen: In Tschernobyl hat gerade die Simulation eines Kühlmittelverlustes zu der Katastrophe geführt, deren Folgen bis heute noch nicht überwunden sind.

Aber es kam ja anders: Nach dem beschlossenen Atomausstieg gingen am 15. April 2023 die letzten drei Atomkraftwerke vom Netz, eines davon war Neckarwestheim. Und drei Jahre vorher war bereits Fessenheim stillgelegt worden.

Das »Nai hämmer gsait!« war Realität geworden.

Zitate: (1) www.bund-rvso.de/andre-weckmann.html
(2) https://atomkraftwerkeplag.fandom.com/de/wiki/Obrigheim_(Baden-W%C3%BCrttemberg)

Boxberg – Wie eine Handvoll Bauern einen Weltkonzern besiegte

Nehmen wir das Angebot eines Drogeriemarkts: Dort kostet die 500-Gramm-Packung »Fränkischer Bio-Grünkern« 2,95 Euro. Damit wäre das Kilo Grünkern, das Horst Oellers als Einsatz in die Wette einbrachte, auf das Preisniveau der 1980er-Jahre heruntergerechnet, etwa sechs Mark wert gewesen.

Dagegen stand ein Mercedes-Kombi 300 T Diesel, Kosten damals inklusive Extras: über 80 000 Mark.

6 : 80 000 – kein Zweifel, das Gegenüber bei dieser Wette konnte nur ein eiskalter Hasardeur bar jeglicher Nerven sein, nicht wahr? Nun, der frühere Daimler-Benz-Pressechef Helmut Schmidt war sich eben 1980 noch sehr sicher, dass sein Konzern den Kampf gegen die sturen Boxberger gewinnen würde – dumm nur, dass ... Aber eines nach dem anderen!

Es folgt die unglaubliche Geschichte einer Handvoll unbeugsamer Bauern, die einem der damals mächtigsten Konzerne der Welt die Stirn boten. Am authentischsten erzählt sich die Story entlang eines Widerstandslieds der fränkischen Gruppe Slack Season:

Es wollt ein Bauer früh aufsteh´n und wollte in die Zeitung seh´n (...)
Mercedes will da was bau´n, so las er da mit Angst und Graun.

Main-Tauber-Kreis Ende des Jahres 1977. In dem 500-Seelen-Dorf Schwabhausen, das zur Stadt Boxberg gehört, machte sich das Gerücht zuerst breit: Der Automobilhersteller Daimler-Benz wolle nahe der Gemeinde beim Gut Seehof eine Teststrecke für seine Autos bauen. Da die Region im fränkisch geprägten Norden von Baden-Württemberg zu den »strukturschwachen Räumen« zählte und gern als »Badisch Sibirien« bezeichnet wurde, war die Euphorie zunächst groß.

150 Arbeitsplätze solle es geben, es wurde von großzügigen Abfindungen und Umzugshilfen für Bauern, deren Land benötigt wurde, geredet, umliegenden Gemeinden und ihren Vereinen wurden satte Zuschüsse versprochen – kurz: Das Vorhaben wurde schnell zur »Chance des Jahrhunderts« oder zum »Rettungsanker für den Raum Boxberg«

Sollte eigentlich über Boxberg leuchten: der Mercedes-Stern. Es kam aber anders ...

Boxberg im Main-Tauber-Kreis: ein Ort, der für einen Weltkonzern zum Alptraum wurde.

verklärt. »Ein Stern geht auf im Taubertal«, titelten zum Beispiel die »Stuttgarter Nachrichten«. Um es mit den Worten von Slack Season zu sagen:

Da kamen sie schon angeschnarrt, mit Aktentasche und Krawatt
Und faselten vom guten Geld, das sie bezahlen für das Feld.

Zunächst hatte sich ja alles noch super angehört. Die Prüfstrecke solle sich harmonisch in das Landschaftsbild einfügen, die Fläche würde überwiegend in ihrer alten land- und forstwirtschaftlichen Nutzung verbleiben können, hieß es in ersten Presseerklärungen. Doch dann sickerten nach und nach die Ausmaße des Projekts durch. 614 Hektar Fläche sollte die Teststrecke brauchen: *Auf einem Oval von 4,8 Kilometer Länge und 1,4 Kilometer Breite würden Luxuskarossen sowie Nutz- und Rüstungsfahrzeuge rund um die Uhr herumrasen … Eine Fläche von 900 Fußballfeldern wäre zur Sperrzone geworden, hermetisch abgeriegelt, Tag und Nacht beleuchtet. Die im Gelände befindlichen Aussiedlerhöfe sollten aufgegeben oder in dieses Beton-Ghetto eingeschlossen werden* (1).

Damit wurde vielen auf einen Schlag klar: Von »harmonisch in die Landschaft eingepasst« konnte ja wohl angesichts dieses Flächenbedarfs keine Rede sein.

Dazu kam noch ein anderer Punkt. Die Diskussion um die Teststrecke fiel in eine Zeit, in der die Friedensbewegung mächtig zu wachsen begann. In einem Jahr

Die Vorbilder der Teststreckengegner: aufständische Bauern mit Bundschuhfahne im Bauernkrieg (1524–1526).

würde der NATO-Doppelbeschluss zur Stationierung von Mittelstreckenraketen in Deutschland gefasst, zwei Jahre später, 1980, würde in Karlsruhe der Gründungsparteitag der Grünen stattfinden. Schnell verbreitete sich in Boxberg und Umgebung das Gerücht, die Teststrecke sei auch Teil eines geheimen Aufrüstungsplans. Immerhin lag gerade mal zwei Kilometer entfernt bis 2007 das riesige NATO-Tanklager Boxberg. Da die Teststrecke über 2 topfebene, 4 Kilometer lange und 16 Autobahnspuren breite Betonbahnen verfügen sollte, lag bei nicht wenigen der Verdacht nahe, dass die im Krisenfall als Landebahnen von Kampfjets genutzt werden sollten, die hier betankt würden. Boxberg wäre damit zu einem militärischen Ziel erster Güte geworden.

Da riefen alle Bauersleut: Ihr seid doch wohl nicht ganz gescheit.
Wir geben unser gutes Feld nicht her für alles Geld der Welt.

Eines hatten die Planer nicht berechnet: die Verbundenheit vieler Menschen mit ihrer Heimat und ihrem Boden. Für die Teststrecke hätten große Flächen fruchtbarsten Ackerbodens geopfert werden müssen, für viele war es *weder aus religiösen noch aus ethischen oder rationalen Gründen vertretbar, weiter die Umwelt zu zerstören und noch mehr Land zuzubetonieren. Der fruchtbare Boden, die lebendige Erde ist nicht vermehrbar* (2). Die Zahl der Skeptiker begann zu wachsen, dennoch: Sie waren in der Minderheit, der große Teil der Bevölkerung stand dem Projekt eher wohlwollend gegenüber.

In dieser aufgeheizten Stimmung kam den Bauern, deren Land benötigt wurde, eine Schlüsselrolle zu. Denn die bekamen nun Besuch von der Landsiedlung Baden-Württemberg GmbH, die nach eigenen Angaben »Grundstücksankäufe für öffentliche und private Projekte« durchführt.

Bei einigen Grundbesitzern bissen die staatlichen Aufkäufer jedoch auf Granit, sie hatten sich mittlerweile zusammengeschlossen zu der – bitte jetzt konzentriert lesen! – Interessengemeinschaft der von der Daimler-Benz-AG-Teststrecke betroffenen Landwirte und Grundstückseigentümer in Boxberg und Assamstadt e. V.

Nun war jedem Beteiligten natürlich schnell klar, dass ein solches Wortungetüm kaum einem Radioreporter oder Nachrichtensprecher katastrophenfrei über die Lippen gehen würde. Und die Presse wurde halt für die »IG«-ler immer wichtiger. Rettung nahte, als einer der Aktivisten zu einem Treffen eine Fahne mitbrachte, die einen einfachen Schuh mit langen Lederbändeln zeigte: Er war im Bauernkrieg – als Gegensatz zum gespornten Stiefel der Adligen – zum Symbol der Aufständischen im Kampf gegen die Ausbeutung durch ihre Grundherren geworden. Da der Bauernkrieg nicht irgendwo begonnen hatte, sondern in Baden, und die Umstände ja auch irgendwie an die aktuelle Situation erinnerten, schrumpfte die 128 Buchstaben lange Wortschlange auf einen deutlich kürzeren, aber wesentlich zugkräftigeren Namen zusammen: »Bundschuh«.

Die Geschäftsführung des Vereins übernahm Horst Oellers, ein Lehrer, der für die neue Aufgabe seinen Job an den Nagel hängte. Zu seinem Enthusiasmus kam noch ein weiterer Vorzug hinzu: Als ehemaliger Bundeswehr-Kompaniechef konnte er viel strategisches Denken in diesen Krieg ohne Waffen einbringen.

Dementsprechend schnell reagierte er, als zum Beispiel ein Sympathisant mit kritischem Blick auf die Anbaumethoden der Bauern meinte: »Wenn ihr mit eurer Chemie so weitermacht, dann kann der Daimler das Land auch zubetonieren.« Oellers begriff, dass der »Bundschuh« – wollte er glaubhaft wirken – in seinem Kampf gegen Naturzerstörung mit gutem Beispiel vorangehen musste. Daraufhin begann er Zug um Zug in der Region den ökologischen Landbau zu propagieren und half bei der Umstellung.

Dieser neue Stil in der Bewegung motivierte die Teststreckengegner immer wieder zum Durchhalten. Landbesitzer zum Beispiel, die dem »Bundschuh« angehörten, blieben standhaft und waren auch durch kein noch so hohes Angebot der Landaufkäufer zum Verkauf zu bewegen. Auch persönliche Anfeindungen, Drohbriefe aus der Nachbarschaft oder wirtschaftlicher Druck ließ sie nicht wanken. Die Fronten verhärteten sich zunehmend. Schließlich verlor die Politik die Geduld. Sie griff zu einem anderen Mittel. Und beging damit einen – für das Projekt: tödlichen – Fehler.

Da fingen diese feinen Herr´n ganz plötzlich an, ganz bös zu wer´n.
Verkauft ihr nicht auf der Stell, enteignen wir euch furchtbar schnell.

Ein neuer Begriff machte die Runde: »Unternehmensflurbereinigung«. In den Paragrafen 87 bis 90 des baden-württembergischen Flurbereinigungsgesetzes ist geregelt, wie bei öffentlichen »Großbaumaßnahmen (Unternehmen), wie Autobahnen, Bahntrassen, Schifffahrtsstraßen, Wasserrückhaltungen« der Landverlust einzelner Eigentümer ausgeglichen werden soll. Vielleicht brachte das in Klammern gesetzte

Synonym »Unternehmen« für »Großbaumaßnahmen« irgendjemand auf die Idee, dass man auch das Bauvorhaben eines privaten Unternehmens wie Daimler als ein solches »Unternehmen« betrachten und sich somit der gesetzlichen Möglichkeiten bedienen könne, die bei der Durchsetzung einer Flurbereinigung zulässig sind. Wenn sich nämlich jemand dauerhaft dagegen wehrt, dass eine Bahntrasse, eine Autobahn oder ein anderes Projekt zum Wohle der Allgemeinheit seinen Grund und Boden berührt, dann darf er enteignet werden. Aber eben nur dann, so will es der Artikel 14 Absatz 3 des Grundgesetzes: »Eine Enteignung ist nur zum Wohle der Allgemeinheit zulässig.«

Jetzt aber mal Butter bei die Fische! Leute! Hing hier etwa nicht das Wohl einer ganzen Region an der Teststrecke? Waren die vielen Menschen, die sich eine Verbesserung ihrer wirtschaftlichen Lage erhofften, etwa keine »Allgemeinheit«? Und dienten die versprochenen künftigen Jobs und Ausbildungsplätze etwa nicht dem Wohl dieser vielen? Na also! Damit war das weitere Vorgehen geklärt: Die widerspenstigen Bauern würde man einfach enteignen – basta! Fragen? Keine!

Nun stand der Umsetzung der Teststreckenpläne ja wohl nichts mehr im Wege. Dachte man.

Da kamen die Leut von Stadt und Land. Gewaltig war der Widerstand (...)
Wir sitzen nicht mehr faul zu Haus, wir machen Daimler den Garaus.

Und so kam es dann auch. Denn die Bundschuhleute hatten sich professionalisiert. So hatten sie zum Beispiel den Wyhl-erfahrenen Freiburger Rechtsanwalt Siegfried de Witt gebeten, sie juristisch zu beraten und zu vertreten. Eine Gerichtsverhandlung folgte der nächsten. Die Kläger bezweifelten die Rechtmäßigkeit von Bebauungsplänen und Planfeststellungsverfahren, sie wiesen Planungsfehler nach, sie argumentierten immer wieder mit der Grundgesetzwidrigkeit von Enteignungen zugunsten eines privaten Unternehmens. Allerdings half dies alles nichts. Niederlage reihte sich an Niederlage. In dieser Situation schlug Daimler-Pressechef Helmut Schmidt medienwirksam die eingangs erwähnte Wette vor. Und Horst Oellers schlug ein.

Die Diskussion um die Teststrecke wurde dabei zu Hause immer gereizter und verbitterter, die Atmosphäre zunehmend vergiftet. So berichtete »Der Spiegel« im November 1986 – wir befinden uns jetzt im achten Jahr des Streits:

Die beiden Rinder liegen des Morgens tot im Stall, an einem Sonntag, und warum sie gestorben sind, wird niemals geklärt. »Die haben abends noch gefressen wie die Wölf«, grollt der Bauer, und er ahnt schon, wer die Viecher vergiftet hat: Feinde im Dorf.

Zu denen gehört zum Beispiel ein Handwerksmeister, der, wenn er nicht tischlert, den Sportverein leitet. Und auch er hat es mit Gegnern zu tun, die hinterhältig vorgehen. Dreimal in dunkler Nacht streuen Unbekannte ein chemisches Vernichtungsmittel auf den Rasen des Fußballplatzes. Das Gras ist jedesmal erledigt, und es liegt nahe, daß es die von der anderen Seite waren.

Der Streit treibt, je weiter die Dinge laufen, Familien auseinander und Männer, die einst Freunde waren, geht quer durch die Wirts- und durch die Gotteshäuser. Selbst der Einzelhandel ist betroffen, zwei Kaufmannsläden. Deren Inhaber stehen in ver-

Trotz des Protests gibt es in Boxberg heute eine Teststrecke. Nur kleiner. Und von Bosch.

schiedenen Lagern, und jetzt haben sie fast nur noch gleichgesinnte Kundschaft, die von den feindlichen Regalen kein Brot mehr nimmt. (3)

Im Jahr zuvor hatten sich die »Bundschuh«-Leute nach den vielen juristischen Nackenschlägen für die allerletzte ihnen noch verbliebenen Chance entschieden: Sie gingen vor das Bundesverfassungsgericht – und im wahrsten Sinne des Wortes: Sie gingen. Fünf Tage lang, vom 29. August bis zum 2. September 1985 legten mehrere Dutzend Teststreckengegner den etwa 120 Kilometer langen Weg von Boxberg bis zum Gerichtsgebäude beim Karlsruher Schloss medienwirksam zu Fuß zurück. Dort übergaben sie eine Verfassungsbeschwerde an die Hüter der Verfassung. Und dann warteten sie. Und warteten ...

Am 24. März 1987 – 18 Monate nach dem Marsch auf Karlsruhe und fast 10 Jahre nach Bekanntwerden der ersten Pläne – verkündete dann das höchste deutsche Gericht seine Entscheidung: Eine Enteignung zur Verbesserung der Wirtschaftsstruktur und Schaffung von Arbeitsplätzen ist nicht mit dem Grundgesetz-Artikel 14 vereinbar. Das bedeutete: Daimler hatte jetzt keine Möglichkeit mehr, an den dringend benötigten Boden der »Bundschuh«-Bauern zu kommen. Die Teststrecke war damit Geschichte!

Da sprach der Bauer: »Bitte sehr, ach, gebt mir meinen Prügel her!«
Und schlug damit den hohen Herrn. Der sah dann viel Mercedes-Stern.

Und nun? Alles gut? Mitnichten. Bei den Verlierern *brach eine Welt zusammen ... Jahrelang war man von Erfolg zu Erfolg geeilt, den Endsieg immer greifbarer vor*

Auf Feldern um Boxberg wächst Dinkel, aus dem Grünkern gewonnen wird, der Wetteinsatz im Widerstand gegen die Teststrecke.

den Augen – und nun sollte das alles verloren sein? (4) Der Frust saß tief. Selbst ein Jahr nach dem Urteil wurden noch Teststreckengegner körperlich attackiert oder Maschinen auf ihren Höfen sabotiert, doch nach und nach verwandelten sich Zorn und Wut in Kälte: In Boxberg begann die Eiszeit.

Und Mercedes? Steckte die Niederlage zügig weg und baute seine Teststrecke halt im niedersächsischen Papenburg.

Wie geht es der Region heute? Ist sie wirklich so abgehängt, wie damals befürchtet? Ist »Badisch Sibirien« übersät mit Geisterdörfern voller leerstehender Geschäfte und verlassener Wohnhäuser, an deren verblichenen Fassaden zerborstene Fensterrahmen im rauen fränkischen Wind ächzen?

Weit gefehlt. Wer heute nach Boxberg kommt, reibt sich verwundert die Augen: Da, wo einst Daimler seine Teststrecke bauen wollte, befindet sich heute ... eine Teststrecke. Nur: Sie ist nicht von Mercedes, sondern von Bosch. 2023 feierte sie bereits ihren 25. Geburtstag. Und wie der Festschrift zu entnehmen ist, passiert dort so ziemlich genau das, was auch auf der Mercedes-Teststrecke hätte passieren sollen:

Das Fahrzeug schlittert bei Hochgeschwindigkeit über die nasse Fahrbahn, klettert auf zwei Rädern über den Steilhügel und hängt dann einen Moment lang in der Luft. Die hält auch der Beifahrer an, aber der Testfahrer will wissen: Wie ist das Bremsverhalten? Endlich ist die Fahrt überstanden und der Testfahrer verwandelt sich wieder in den Applikationsingenieur. Er verschwindet, den Laptop unter den Arm geklemmt, in eines der Büros. (5)

Wie denn das nun? Wozu hatte man da 10 Jahre lang erbittert gekämpft und den Gemeindefrieden geopfert, nur um dann dasselbe in Grün vor der Haustüre zu haben? Noch dazu am selben Ort, am Gut Seehof? Nun, da waren ein paar Dinge zusammengekommen, die der Schwabe gern in dem Satz »So isch's no au wieder!« zusammenfasst. Nachdem der eine Stuttgarter Weltkonzern, Daimler aus Untertürkheim, sich dort oben eine blutige Nase geholt hatte, meldete sich der andere, Bosch aus Feuerbach, bei den Boxbergern – sicherheitshalber mit ein paar Jahren Distanz, in denen dort die Herzfrequenzen und Blutdrücke wieder die Chance hatten, in den Normalbereich zu sinken. Die Bosch-Leute machten es darüber hinaus geschickter. Sie bezogen die ehemaligen Teststreckengegner gleich von Anfang an in ihren Plan ein, der den Vorteil hatte, dass er im Vergleich zu dem von Daimler nur ein Achtel des Landes verbrauchte. Der alles entscheidende Pluspunkt war jedoch, dass sich Bosch sicher sein konnte, nicht dieselben Schwierigkeiten zu bekommen wie der Automobilkonzern zuvor. Denn der Zündkerzenmulti profitierte von dem Umstand, dass das Land, auf dem er bauen wollte, überhaupt nicht mehr in Bauernhand war. Es gehörte inzwischen – nach der Aufkaufwelle durch die Landsiedlung Baden-Württemberg GmbH Ende der 1970er-Jahre – dem Land. Und das war fest entschlossen, an Bosch zu verkaufen.

So war am Ende in und um Boxberg doch noch eine Art Win-win-Situation entstanden. Die »Bundschuh«-Bauern hatten ihren Besitz behalten und die Befürworter bekamen jetzt doch noch ihre Teststrecke, wenngleich deutlich kleiner. Es sei deshalb erlaubt, dem Slack-Season-Song noch eine Zeile hinterherzudichten:

Fliegt der Daimler auf die Gosch', freut sich im Hintergrund der Bosch.

Nachzutragen bleibt nur noch Folgendes: Auf den Mercedes aus der Wette mit dem Daimler-Pressechef wartete Horst Oellers bis zu seinem Tod 2014 vergebens.

Zitate: (1) Hergt-Oellers u. a., Bundschuh gegen Daimler-Benz, Hohenwarsleben 2015, S. 12
(2) ebenda, S. 21
(3) »Der Spiegel« 45/1986
(4) Hergt-Oellers u. a., Bundschuh gegen Daimler-Benz, Hohenwarsleben 2015, S. 197
(5) 25 Jahre Boxberg, aus: »Zeitpunkte«, Magazin zur Bosch-Geschichte, Stuttgart 2023, S. 32

»Bananenwahlkreis« – Wie Trigema-Chef Grupp seinen CDU-Kreisverband unterwanderte

Hätte das Fernsehteam nicht Hunger bekommen, wäre die Affäre vielleicht unbewiesen im Sand verlaufen. Aber der Kameramann und der Tonmann des SWF waren froh, dass der Reporter sich anbot, nach etwas Essbarem zu suchen.

1987, ein warmer Julisonntagnachmittag in Jungingen, einem 1300-Seelen-Dorf auf der Schwäbischen Alb. In der Gemeindehalle soll in einer Stunde die Nominierung des CDU-Wahlkreiskandidaten für die baden-württembergische Landtagswahl 1988 stattfinden. Eigentlich eine unaufregende Sache, der Wahlkreis 61 Hechingen-Münsingen ist tiefschwarz, die Sozen haben dort oben traditionell nichts zu melden und die Grünen sind noch unter »ferner liefen«. Wer hier also als Kandidat aufgestellt wird, hat bei der Landtagswahl das Mandat sicher in der Tasche.

Aber diesmal ist etwas anders. Es riecht nämlich nach Verschwörung.

Von Anfang an. Der Landtagsabgeordnete dieses Wahlkreises ist seit 12 Jahren Theo Götz, Rektor des Friedrich-Schiller-Gymnasiums in Pfullingen, ein honoriger Mann, der sich für seinen Wahlkreis einsetzt, in Stuttgart Geld lockermacht und so vor Ort viele Projekte umsetzen kann. Kurz: Es gibt keinen Grund, diesen Mann nicht für eine vierte Legislaturperiode in den Landtag zu schicken.

Ein Mann im nahen Burladingen sieht das allerdings anders. Wolfgang Grupp, Chef des Textilunternehmens Trigema, hat andere Pläne. Nicht, dass er etwas gegen Theo Götz hätte, nein. Aber er hat sich nun einmal in den Kopf gesetzt, den Sohn seines Prokuristen, einen jungen Mediziner namens Paul-Stefan Mauz, in den Landtag zu katapultieren. Und helfen soll ihm dabei eine Spezialität des »Bananenwahlkreises«, wie er wegen seiner gebogenen Form auf der Landkarte genannt wird: die Urwahl. Dabei wird der Kandidat für eine Wahl nicht von einem Gremium bestimmt, sondern von all den Parteimitgliedern, die zur Abstimmung persönlich erscheinen. An diesem Punkt setzt Wolfgang Grupp an.

Der frühere Trigema-Chef Wolfgang Grupp: »König von Burladingen«.

Hier wurde der Coup ausgeheckt: die Trigema-Zentrale in Burladingen.

Auffällig wird der Trigema-Coup zuerst im zuständigen CDU-Kreisverband Hechingen-Münsingen. Dort trudeln auf einen Schlag 120 Aufnahmeanträge ein. Eigentlich eine wunderbare Sache, doch den Mitarbeitern dort fallen einige Dinge auf. Zum einen stammen alle Aufnahmewilligen aus dem näheren Umfeld von Burladingen, alle geben als Arbeitgeber Trigema an, und die Aufnahmeanträge scheinen alle auf derselben Schreibmaschine geschrieben worden zu sein. Sofort kommt der Verdacht auf, dass die Papiere von einer hilfreichen Trigema-Sekretärin getippt worden sein könnten, womöglich sogar im Auftrag des Chefs? Grupp lässt dementieren, aber der Verdacht macht jetzt die Runde.

Deshalb interessiert sich auch die »Abendschau«-Redaktion des Südwestfunks für das Thema und schickt ein Kamerateam zu der Urwahlveranstaltung in Jungingen. Und wie es halt in öffentlich-rechtlichen Anstalten so ist, wollte kein hauptamtlicher Redakteur sein Wochenende mit einem Gemeindehallendreh vergeuden, also musste ein gerade dem Volontariat entsprungener Jungreporter ran. Der weiß allerdings nicht so richtig, wie er es anstellen soll, diese Geschichte wasserdicht zu bekommen. Schließlich hat ja der Trigema-Chef bestritten, dass es sich hier um einen von ihm organisierten Masseneintritt handle. Was also tun?

Vielleicht erst mal was essen. Im Dorf findet er einen Gasthof, der offen sein muss, weil drei Busse davorstehen. Hier würde er sicher belegte Brote kriegen. Aber die Bedienung sagt, dass die Küche das nicht machen könne, da sie schon mit den Vorbereitungen des Abendessens beschäftigt sei. Allerdings: Von der Reisegruppe im Nebenzimmer, die gerade im Aufbruch begriffen sei, seien drei Vesperteller übriggeblieben, ob er die haben wolle?

Burladingen in der Schwäbischen Alb: ein Zentrum der württembergischen Textilindustrie.

Keine Ahnung, was den Jungreporter in diesem Moment antreibt – bloßer Zufall? Journalistischer Instinkt? Jedenfalls fragt er die Bedienung: »Ist die Reisegruppe von Trigema?«

Als sie bejaht, lässt der junge Mann Vesperteller Vesperteller sein, dreht sich auf dem Absatz um, stürmt zurück zur Gemeindehalle und holt das Kamerateam nach draußen auf den Parkplatz, wo soeben die drei Busse anrollen.

Das Team mischt sich unter die austeigenden Frauen und Männer, eine nach dem anderen wird gefragt, wie lange sie denn schon Mitglied der CDU seien. Alle der so Befragten wirken äußerst verunsichert und antworten, wenn überhaupt, ausweichend: »Noch nicht soooo lange« oder »Schon seit geraumer Zeit«.

Da schiebt sich ein äußerst gut aussehender Herr vor die Kamera, tadelloser Haarschnitt, eleganter Anzug, penibel gebundene Krawatte, Ton in Ton mit dem Einstecktuch: Wolfgang Grupp hat schnell geschaltet und will seine Leute vor weiteren unangenehmen Fragen bewahren. Ja, bei Trigema mache man viele »Sachen« zusammen, Ausflüge, Besichtigungen, und auch hier hätten die Beschäftigten von sich aus gesagt: »Ja, das machen wir, das interessiert uns«, und seien aus freien Stücken in die CDU eingetreten.

Nun, die organisierte Anreise in gecharterten Bussen inklusive Vespereinladung in der Wirtschaft legt einen anderen Schluss nahe, aber sei's drum. Die 120 Trigema-Leute strömen in die Gemeindehalle, man sieht auf den ersten Blick, dass sie die Mehrheit stellen. Nachdem sich der amtierende Landtagsabgeordnete Theo Götz und sein Herausforderer Paul-Stefan Mauz dem Wahlvolk vorgestellt haben, kommt es zur Abstimmung – mit dem erwarteten Ergebnis: Der Sohn des Trigema-Prokuristen erhält die meisten Stimmen und wirft den altgedienten Götz aus dem Rennen.

Am nächsten Tag läuft die Reportage mit den entlarvenden Szenen in der »Abendschau«, dem gemeinsamen Regionalmagazin der damals noch getrennten Anstalten SWF und SDR. Eine hitzige Diskussion setzt ein. Der gestürzte Amtsinhaber Götz schäumt und spricht von einem Handstreich, besorgte Parteimitglieder fragen sich, was das noch mit Demokratie zu tun habe, wenn ein Firmenchef seine Macht nutzt und seine Mitarbeiter in eine Partei schickt, um dort seine Interessen durchzusetzen. Und hat Grupp wirklich – wie danach der »Spiegel« herausgefunden zu haben glaubt – jeden Parteieintritt mit 25 Mark pro Nase gefördert?

Die Wogen der Empörung breiten sich rasend schnell aus, weit über die Schwäbische Alb hinaus, sogar im hohen Norden branden sie an. Ein Hamburger CDU-Mitglied ruft das Bundesverfassungsgericht an, weil er höchstrichterlich geklärt haben will, ob solche Manöver mit dem Parteienrecht zu vereinbaren seien.

Das alles will die CDU Baden-Württemberg natürlich nicht auf sich sitzen lassen. Aus den höchsten Regierungskreisen hört man die Aufforderung an die Parteifreunde von der Alb, die Wahl zu wiederholen. Was die dann auch tun.

Kürzen wir's ab: Paul-Stefan Mauz gewann auch diesen zweiten Wahlgang gegen Theo Götz und saß danach insgesamt drei Legislaturperioden lang im Stuttgarter Landtag.

Bei der Wiederholungswahl war übrigens auch der Jungreporter vom SWF wieder vor Ort. Und während er am Drehen war, zupfte ihn ein Mann am Ärmel, er müsse jetzt unbedingt etwas loswerden. Er sei in den 1970er-Jahren zusammen mit anderen Kollegen von seinem Chef mit der Bitte angesprochen worden, doch in die

Bild tiefsten Friedens: das Killertal bei Burladingen im »Bananenwahlkreis«.

CDU einzutreten. Da gebe es einen Mann, der, so der Chef, für die Firma »günstig« sei. Und den gelte es beim kommenden Nominierungsparteitag als Landtagskandidaten durchzusetzen. Der Name des damals so »günstigen« Kandidaten: Theo Götz!

Ohne jetzt am linken Rand fischen zu wollen: War dies nicht der schlagende Beweis für die Stimmigkeit der Marx'schen These, dass sich Geschichte immer zweimal ereignet?

An dieser Stelle sei nochmals explizit darauf hingewiesen, dass der Wahlkreis 61 seinen Spitznamen »Bananenwahlkreis« wirklich nur aufgrund seiner geografischen Form erhalten hat und nicht – wie nach diesen Vorfällen einige vermuteten – wegen eines Politikverständnisses, das sie offenbar eher an eine mittelamerikanische Bananenrepublik erinnerte als an einen Hort südwestdeutscher Demokratiekultur.

Dem Jungreporter vom SWF brachte die Story übrigens einen Journalistenpreis ein. So hatte der Trigema-Coup am Ende doch noch sein Gutes.

Cäsium im Gepäck? Wie ein Cessna-Crash am Bodensee Atomalarm auslöste

Altenrhein am Schweizer Ufer des Bodensees, es ist der 24. Januar 1994. Was der eidgenössische Wetterdienst »Meteo Schweiz« meldet, könnte man verkürzt mit dem Begriff »Sauwetter« umschreiben: »In rascher Folge ziehen Tiefs über Nordeuropa und steuern feuchte Meeresluft zu den Alpen. In der Schweiz stürmisches und regnerisches Westwindwetter, Schneefallgrenze stark schwankend.«

Es ist kurz vor 20 Uhr, stockdunkel, als die Cessna 425 »Conquest 1«, vom See kommend, den Landeanflug auf den Flughafen St. Gallen-Altenrhein beginnt. Kurz danach verschwindet sie vom Radarschirm des Towers.

Tragisches Ende einer Flugreise. Und zugleich der Beginn einer Sex- und Crime-Story, die die Medien über Wochen hin beschäftigen wird. Denn in der Maschine saßen – neben dem Piloten, zwei Bardamen und einem Hund – zwei Herren von zweifelhaftem Ruf. Als herauskommt, dass gegen beide Verfahren im Zusammenhang mit unerlaubtem Besitz von radioaktivem Material laufen, fängt sofort die Gerüchteküche an zu brodeln. Hat die Cessna etwa strahlende Substanzen an Bord gehabt? War damit der riesige Trinkwasserspeicher Bodensee in Gefahr, verseucht zu werden? Und: Ist der Absturz vielleicht sogar eine Racheaktion der internationalen Atomwaffenschiebermafia gewesen?

Was die Schlagzeilen immer wieder befeuert: Wegen des stürmischen Wetters können Rettungskräfte über zwei Wochen lang die Maschine nicht bergen, erst am 8. Februar wird das Wrack geortet und aus dem See gezogen. Was würden die Retter – neben den toten Insassen – finden? Eine Bleibombe, gefüllt mit Cäsium 137, wie »Bild« spekuliert?

Die Maschine war verspätet um 18 Uhr in Prag gestartet. Zuvor hatte es noch Unstimmigkeiten gegeben, da offenbar der Vercharterer der Cessna Zweifel an der Bonität der zwei Männer hatte. Die Cessna hob erst ab, als die beiden bereit waren, 30 000 Mark Vorkasse zu leisten.

Am Steuerknüppel saß Rudi Wierschen, 44, ein erfahrener Berufspilot, dahinter die beiden tschechischen Bardamen Iveta Ranetova (30) und Alena Petrusova (38), die beiden Berliner Geschäftsleute Klaus Eichler (53) und Josef Rimmele (54), mit dabei noch Rimmeles Terrier Asta (8). Bei Flugkilometer 430 dann das Unglück.

Schon kurz nach dem Absturz wusste die »Bild«-Zeitung, dass Rimmele und Eichler »Atomhändler der Russenmafia« waren. Das war – mal wieder – äußerst vorschnell, allerdings konnte das Vorleben der beiden Männer durchaus zu solchen Fantastereien anregen.

Zunächst zu Klaus Eichler. Eichler war seit 1984 Vizepräsident und seit 1988 Präsident des Deutschen Turn- und Sportbunds DTSB, der zentralen, für den DDR-Sport zuständigen Organisation.

Da man nun ja bei den Begriffen »Sport« und »DDR« sehr schnell beim Thema »Staatsdoping« landet, stellt sich die Frage: Ist Eichler hier Mittäter gewesen?

Die Unglücksmaschine: An Bord einer solchen Cessna 425 »Conquest 1« befanden sich fünf Menschen.

Hat er von dem systematischen Doping im DDR-Sport gewusst? Immerhin ist er vier Jahre lang Vize hinter Manfred Ewald gewesen, dem Mann, der im Juli 2000 vom Landgericht Berlin wegen »Beihilfe zur Körperverletzung zum Nachteil von 20 Hochleistungssportlerinnen, denen ohne ihre Kenntnis mit der Folge von Gesundheitsschäden und -gefährdungen Anabolika verabreicht worden waren«, zu einer Freiheitsstrafe von 22 Monaten auf Bewährung verurteilt wurde. Eichler selbst wurde zwar nicht belangt, aber festzuhalten bleibt, dass noch 1988, also in dem Jahr, in dem er den Chefposten übernahm, die DDR bei den Olympischen Spielen in Seoul 102 Medaillen gewann – zum Vergleich: Die BRD brachte es gerade mal auf 40.

Auf jeden Fall ist es keine üble Nachrede, wenn man Eichler unterstellt, dass er blendende Kontakte zum Mutterland des Sozialismus hatte – zumindest zu den russischen Sportfunktionären. Nach der Wende und seinem Rücktritt als oberster DDR-Sportfunktionär zeigte sich Eichler in verschiedenen Jobs, er fiel auf, als er im lettischen Riga Kontakt zu Waffenschiebern suchte und fand. In Berlin läuft gegen ihn ein Verfahren wegen des unerlaubten Besitzes von radioaktivem Material.

Auch sein Partner Josef Rimmele ist alles andere als ein unbeschriebenes Blatt. Gegen ihn liegt in Deutschland ein Haftbefehl wegen Baubetrugs und Steuerdelikten vor, zur Zeit des Absturzes wird gegen ihn auch noch wegen illegaler Einfuhr von Computertechnik und unsachgemäßem Umgang mit radioaktivem Material ermittelt. Der »Spiegel« beschreibt ihn 1994 als Loser, der gern auf dicke Hose macht. So zitiert das Magazin einen Teilnehmer an einem privaten Treffen: *Dort habe Rimmele (...) das große Wort geführt. Mit seltenen Metallen sei »prächtig zu verdienen«, das Geschäft müsse aber »im großen Stil aufgezogen werden«. Per Privatflugzeug, kündigte Rimmele an, werde er rare Metalle und sonstige Substanzen ins Zollfreilager des Flughafens Zürich-Kloten bringen. Jetzt müsse geklotzt werden, ließ Rimmele wissen, es gehe um zweistellige Millionenbeträge.* (1)

Bodensee im Winter.

Einen dieser »seltenen« Stoffe, »Red Mercury«, sollen Eichler und Rimmele auf ihrem Schicksalsflug bei sich gehabt haben, um ihn bei einer Zwischenlandung in Altenrhein einem Mittelsmann aus Liechtenstein zu präsentieren. Danach sollte der Flug angeblich nach Paris weitergehen, offenbar mit dem Ziel, das Material in einem Labor untersuchen zu lassen.

»Red Mercury« ist ein Zauberstoff in dieser Zeit, in der nach dem Zusammenbruch der Sowjetunion Biokampfstoffe und radioaktive Substanzen unkontrolliert auf dem Schwarzmarkt vertickert werden. Das rote Quecksilber, so schreibt der »Spiegel«, »soll zur Leistungssteigerung von Raketen taugen, Projektile für jegliches Radar unsichtbar machen und sogar beim Bau von Mini-Atombomben verwendet werden. Um keinen anderen Stoff ranken sich im Milieu der Nuklearschieber so bizarre Geschichten.« Deshalb, so habe der Bundesnachrichtendienst BND ermittelt, würden auf dem Schwarzmarkt auch gern 200 000 bis 400 000 Dollar pro Kilo bezahlt werden – wow.

Wäre dem windigen Vorstadtgauner Rimmele dank der Russlandkontakte seines Partners jetzt fast doch noch der große Coup gelungen? Sind die beiden auf dem Weg in die Beletage der internationalen Waffenschieberszene gewesen? Und hatten sie wirklich noch einen anderen Stoff an Bord, wie »Bild« mutmaßt: »Cäsium 137, das Tschernobyl-Gift. Die Rede ist von 70 Kilo!«? Die Spekulationen schießen ins Kraut, lediglich bei der Frage, welche Funktion die beiden Bardamen bei dem Deal hatten, scheint die Antwort auf der Hand zu liegen.

Kein Zweifel: Das hier war ganz großes Kino! Das Ganze hatte nur ein paar kleine Schönheitsfehler: Die Fakten waren falsch, frei erfunden oder erstunken und erlogen.

Beispiel »Red Mercury«. Da heißt es – um nur eine Quelle zu nennen – auf der Webseite des Branchendiensts »Chemie.de«: *Rotes Quecksilber oder Red Mercury ist ein spekulativer Begriff und wird zur Bezeichnung verschiedener chemischer Substanzen gebraucht, die tatsächlich oder hypothetisch existieren könnten oder lediglich fantastischen oder mysteriösen Spekulationen entstammen. Es gibt keine chemische Substanz, die damit korrekt bezeichnet wird.* Und weiter: *Es könnte sich um einen Hoax handeln, der von Betrügern an leichtgläubige Terroristen verkauft wird. Der Zusatz »rot« würde dann an die vermutete oder suggerierte Herkunft der Substanz aus dem Ostblock assoziieren.* (2) Heiße Luft also. Gut, hatte sich halt damals in

Schwarzmarktganoven- und Möchtegernterroristenkreisen noch nicht vollständig herumgesprochen ...

Beispiel 2: »Cäsium 137«. Sicher: das Zeug ist saugefährlich, erbgutschädigend, Knochenkrebs und Leukämie auslösend, mit einer Halbwertszeit von 30,187 Jahren. Und dann gleich 70 Kilo. Aber Fachleute hatten sich schon bei den ersten Gerüchten ein lautes Auflachen verbeißen müssen. Eine derartige Menge hätte in einen riesigen, viele Tonnen schweren Bleimantel verpackt werden müssen, völlig unmöglich, so etwas zu transportieren, geschweige denn in einer Cessna ...

Wahrscheinlich hatte da der »Atomexperte« der »Bild«, der eigens an den Bodensee geeilt war, das hochradioaktive Cäsium 137 mit dem nicht strahlenden Cäsium 133 verwechselt, ein Metall, das die beiden früher schon mal geschmuggelt hatten. 137! 133! Kann man doch schon mal durcheinanderbringen, oder? Schließlich hat man ja bei so einer heißen Investigativ-Story nicht immer die Zeit für eine saubere Recherche ...

Zur Sicherheit nahm die Wasserschutzpolizei täglich mehrere Wasserproben, Ergebnis – Gott sei Dank – immer »negativ«. Und dann kam der 8. Februar, der Tag, an dem das Wetter besser wurde und man das Wrack endlich aus 159 Meter Tiefe ans Licht der Öffentlichkeit bringen konnte. Gefunden wurden:

– drei Leichen (der Pilot, eine Frau und der Hund blieben verschollen),
– keinerlei Hinweise auf radioaktives Material.

Interessanter wurde es bei der Klärung der Absturzursache. Bei der Cessna waren die Landeklappen nicht ausgefahren worden. Da die Maschine jedoch im Landeanflug war, hätte das längst geschehen sein müssen. Selbst wenn der Pilot – zum Beispiel bei einem Triebwerksausfall – zu einer Notwasserung gezwungen gewesen wäre, hätte er die Klappen betätigt, um möglichst lange gleiten zu können. Kurz vor der Wasserung hätte er die Nase des Fliegers nach oben gezogen, um die beiden Flügel zu schützen, die das Flugzeug als eine Art Schwimmhilfe lange genug an der Wasseroberfläche halten würden, um den Innenraum zu verlassen. Allerdings war diese Cessna mit einer hängenden Tragfläche aufs Wasser aufgekommen, der Flügel riss sofort ab und die stark zertrümmerte Maschine sank wie ein Stein – keine Chance für die Insassen.

Möglicherweise war der Pilot über dem dunklen See dem »Being high«-Phänomen zum Opfer gefallen. Dabei suggerieren Umgebungseindrücke dem Piloten, er fliege viel zu hoch. Wenn er dann, statt stur seinen Instrumenten zu vertrauen, die Nase nach unten drückt, kann es zu einem solchen ungewollten Absturz kommen.

»Pilotenfehler« war schließlich die offizielle Erklärung. Damit war auch dem letzten Gerücht der Boden entzogen worden, dass Rimmele den Piloten angewiesen habe, den Transponder auszuschalten, um einen Absturz zu simulieren. Warum man so etwas hätte machen sollen? Nun, zum Beispiel, um den Killern der Russenmafia den eigenen Tod vorzuspiegeln.

Aber nun war ja aus der vermeintlichen Sensation endlich das geworden, was es auch wirklich gewesen war: ein tragisches Unglück mit fünf toten Menschen. Und einem toten Hund.

Am Bodensee kehrte wieder Ruhe ein.

Zitate: (1) »Der Spiegel« 6/1994, S. 78/79
(2) www.chemie.de/lexikon/Rotes_Quecksilber.html

Der Unglücksort: Kurz vor der Landung am Flughafen Altenrhein stürzte die Maschine in den See.

Quellen

Wieso Oberkirch-Gaisbach ein Hotspot der deutschen Literatur ist – und das kaum einer weiß

www.projekt-gutenberg.org/grimmels/simpl/simpl.html
https://univ-fcomte.hal.science/hal-02310580/document
de.wikipedia.org/wiki/Hans_Jakob_Christoffel_von_Grimmelshausen
www.xlibris.de/Autoren/Grimmelshausen/Biographie/Seite1
www.oberkirch.de/fileadmin/Dateien/Dateien/Geschichte/Hans_Jacob_Christoffel_von_Grimmelahsuen.pdf
www.swp.de/suedwesten/landespolitik/im-keller-sitzt-ein-monster-20619309.html
www.swr.de/swr2/literatur/aexavarticle-swr-68576.html
www.grimmelshausen.org/Archiv/2018
https://mek.oszk.hu/08500/08525/08525.pdf

Lichtenstein –Wie ein Tyrannenlob eine Burg berühmt machte, die es noch gar nicht gab

Wilhelm Hauff, Lichtenstein, Stuttgart 1905
Dieter Breuers, Versklavt und verraten, Bergisch-Gladbach 2005
Werner Frasch, Ulrich von Württemberg, Stuttgart 2011
www.stadtlexikon-stuttgart.de/article/c14cfe0e-4e24-41d3-b124-7cf30d526c32/Wilhelm_Hauff_(1802-1827).html
https://bildpostkarten.uni-osnabrueck.de/frontend/index.php/Detail/entities/wilhelm_hauff
www.schloss-lichtenstein.de/de/geschichte-familie/geschichte

Rheinbegradigung: Wie ein Badener Teile Deutschlands französisch machte – und umgekehrt

David Blackbourn, Die Eroberung der Natur, München 2007
Ernst Otto Sutter, Johann Gottfried Tulla, Colmar o. J.
Nicole Zerrath u. a., Über das Leben des Wasserbauingenieurs und Gelehrten Johann Gottfried Tulla, Rastatt 2015
https://henry.baw.de/server/api/core/bitstreams/02ae335b-9d81-43d0-b294-f3aa5c5d342a/content
https://de.wikipedia.org/wiki/Rhein#Kilometrierung

»Rulaman«: Erdgeschichte im Gewand eines Steinzeit-Thrillers

David Friedrich Weinland, Rulaman – Erzählung aus der Zeit des Höhlenmenschen und des Höhlenbären, Reutlingen, 1987
www.projekt-gutenberg.org/weinland/rulaman/chap032.html
www.grabenstetten.de/gemeinde-grabenstetten/geschichte/rulaman
www.zeit.de/1999/03/199903.jh-herburger_.xml
https://de.wikipedia.org/wiki/David_Friedrich_Weinland

Schwarzwälder Auswandererschicksale – Eine Recherche in eigener Sache

Simone Eick, In die Neue Welt! Deutsche Auswanderer in drei Jahrhunderten, Hamburg 2010
www.landesarchiv-bw.de/sixcms/media.php/120/60646/Hin_u_weg_Tafeln_100x70_150dpi.pdfhttps://de
www.landesarchiv-bw.de/sixcms/media.php/120/60646/Hin_u_weg_Tafeln_100x70_150dpi.pdf
https://de.wikipedia.org/wiki/Ellis_Island
www.familysearch.org
www.statueofliberty.org
www.ancestry.com/search/collections/1068/?name=_Schlenker&name_x=_1&residence=_schwenningen-schwarzwald+baar+kreis-baden+wurttemberg-germany_170546
https://sistersofcharityfederation.org

Josef Schäfer – Schwarzwälder Serienmörder in brauner Zeit

Wolfgang Krüger, Serienmörder des Dritten Reichs, Arnstadt 2015
Staatsarchiv Sigmaringen AZ Wü 29/2 T1 Nr. 57

Atom (1): Haigerloch – das deutsche »Manhattan Project«?

www.lindau-nobel.org/de/das-manhattan-projekt-leben-in-los-alamos
www.spiegel.de/geschichte/alsos-mission-a-948850.html
www.deutsches-museum.de/forschung/archiv/firmenarchive/firmenarchiv/a/atomdokumente-1937-1946-1956
www.deutschlandfunk.de/die-nacht-der-physiker-100.html
www.stern.de/panorama/wissen/natur/deutsche-kernforschung-der-atomkeller-von-haigerloch-3300428.html

Wilhelm Murr – Das klägliche Ende des württembergischen NSDAP-Gauleiters in den Alpen

Marlene P. Hiller (Hg.), Stuttgart im Zweiten Weltkrieg, Gerlingen 1989
Paul Sauer, Wilhelm Murr. Hitlers Statthalter in Württemberg, Tübingen 1998

www.stuttgarter-nachrichten.de/inhalt.gasthaus-ritter-in-stuttgart-degerloch-dort-wurde-stuttgarts-schicksal-besiegelt.c38e2342-2bf0-40b5-a89b-81bd2f89642c.html
www.stuttgarter-zeitung.de/inhalt.ende-des-zweiten-weltkriegs-in-stuttgart-drei-furchtbare-tage-im-april.4db91355-7a93-4448-9b33-25c436205124.html
https://ns-ministerien-bw.de/2014/12/wilhelm-murr-reichsstatthalter

Wie es Schwäbisch Gmünd immer wieder in die Weltpresse schaffte

Volker Nick, Volker Scheub und Christof Then, Mutlangen 1983–1987. Die Stationierung der Pershing II und die Kampagne Ziviler Ungehorsam bis zur Abrüstung, Mutlangen/Tübingen 1993
www.stuttgarter-nachrichten.de/inhalt.trauer-in-schwaebisch-gmuend-wie-die-stadt-zum-bud-spencer-bad-kam.575b0f8c-13c0-40e4-a16c-33732396ce9b.html
www.fr.de/panorama/spencer-tauft-sein-freibad-11374441.html
www.focus.de/panorama/welt/ein-bad-spencer-fuer-schwaebisch-gmuend-gescheiterter-bud-spencer-tunnel_id_2206974.html

Aufruhr im »Adler« – Wie ein Dorfgasthof einen Nobelpreisträger hervorbrachte

Nicola Herweg, Günter Grass' »Blechtrommel« in Großholzleute, Marbach am Neckar 2017
www.spiegel.de/politik/richters-richtfest-a-9a5de268-0002-0001-0000-000045124094
www.spiegel.de/kultur/mancher-dichter-fand-es-grausam-a-23ba9391-0002-0001-0000-000008777513

Düstere Zeiten für Bad Boll: Vom Kurbad Churchills zum Terroristen-Versteck?

Matthias Wider, Bad Boll – Werden und Vergehen einer Siedlung, 2012
www.schwarzwald-aktuell.eu/news/kurbad-bad-boll-kurze-bluetezeit-in-wilder-wutachschlucht
https://zbonndorf.de/images/Rambles-in-the-Black-Forest-deutsch.pdf
https://zbonndorf.de/images/Kurhaus-Bad-Boll-im-suedlichen-Schwarzwald-1931.pdf
https://zbonndorf.de/Bad-Boll-Baden/Bad-Boll-1982-11-Schoener-Wohnen-11.jpg
https://zbonndorf.de/Boll.html
www.mitwelt.org/wutach-schlucht-papierfabrik-neustadt-wasser-qualitaet
www.spiegel.de/politik/schwaebische-schaffer-a-e31f1413-0002-0001-0000-000014344617?context=issue

Aktenzeichen »X« ungelöst? Wie ein Erpresser die Bahn auf Trab hielt

www.zeit.de/1979/08/noch-viele-raetsel-um-monsieur-x/seite-3
www.spiegel.de/spiegel/print/d-40606788.html
www.spiegel.de/politik/stueck-um-stueck-a-22da5555-0002-0001-0000-000014325954?context=issue
magazin.spiegel.de/EpubDelivery/spiegel/pdf/40350977
www.zeit.de/1979/12/knallharte-beweise
it.wikipedia.org/wiki/Italia_Express
www.zdf.de/dokumentation/zdfinfo-doku/ermittler-monsieur-x-102.html
https://de.wikipedia.org/wiki/Monsieur_X

Atom (2): Warum am Oberrhein Aufruhr herrschte, am Neckar aber alles ruhig blieb

www.mitwelt.org/kein-akw-in-wyhl.html
www.mitwelt.org/akw-kkw-atomkraftwerk-breisach
www.badische-zeitung.de/akw-wyhl-vor-40-jahren-gab-es-gruenes-licht-fuer-den-bau
www.swr.de/swr2/wissen/archivradio/widerstand-gegen-wyhl-eskaliert-100.html

Boxberg – Wie eine Handvoll Bauern einen Weltkonzern besiegte

https://taz.de/Bundschuh-zwingt-Daimler-in-die-Knie/!1868642
https://weltexpress.info/bundschuh-gegen-daimler-benz-oder-der-fall-der-teststrecke-boxberg-uschi-hergt-oellers-im-weltexpress-exklusivinterview
www.traumaland.de/downloads/talteststrecke.pdf
www.spiegel.de/politik/1-mose-1-vers-28-a-e8e067b5-0002-0001-0000-000013515953
www.spiegel.de/politik/horst-oellers-a-6509a07b-0002-0001-0000-000013523600
www.faz.net/aktuell/wirtschaft/unternehmen/daimler-baut-neue-teststrecke-in-baden-wuerttemberg-13437855.html
https://umweltakademie.baden-wuerttemberg.de/-/hohenlohe-und-tauberfranken-folge-8
www.welt.de/print-welt/article621003/Fahrbahn-frei-fuer-Bosch.html
www.suedkurier.de/region/bodenseekreis/friedrichshafen/Rezzo-Schlauch-plaudert-aus-dem-gruenen-Naehkaestchen;art372474,8561587

»Bananenwahlkreis« – Wie Trigema-Chef Grupp seinen CDU-Kreisverband unterwanderte

SWF, Abendschau, Beitrag »Bananenwahlkreis«, Juli 1987
https://de.wikipedia.org/wiki/Theo_G%C3%B6tz
https://de.wikipedia.org/wiki/Paul-Stefan_Mauz
www.zeit.de/1987/30/kaeuflich

Cäsium im Gepäck? Wie ein Cessna-Crash am Bodensee Atomalarm auslöste

www.chemie.de/firmen
https://magazin.spiegel.de/EpubDelivery/spiegel/pdf/13684184
www.daserste.de/information/politik-weltgeschehen/panorama/videosextern/alarm-am-bodensee-flugzeugabsturz-100.html
www.berliner-zeitung.de/archiv/identitaet-der-flugzeug-insassen-nicht-geklaert-mysterioeser-anruf-in-der-redaktion-cessna-pilot-versuchte-klassische-notwasserung-erfolglose-suche-nach-den-passagieren-li.1307529
www.berliner-zeitung.de/von-reichert-bis-kilian-vier-praesidenten-fuehrten-den-dtsb-der-vor-40-jahren-gegruendet-wurde-in-der-zentrale-residiert-das-arbeitsamt-li.33603
www.spiegel.de/politik/so-um-gottes-willen-nicht-a-bb131 1a3-0002-0001-0000-000009276587
www.srf.ch/news/ostschweiz-20-jahre-nach-dem-cessna-absturz-ein-einmaliger-bodensee-krimi

Vita

Rolf Schlenker, 1954 in Stuttgart geboren, arbeitet als Wissenschaftsjournalist, Dokumentarfilmer und Sachbuchautor. Bis 2020 war er Redakteur beim SWR-Fernsehen und hat für seine Dokumentationen verschiedene Preise erhalten. Sein Interesse gilt der Zeitgeschichte.

Impressum

Sollte dieses Werk Links auf Webseiten Dritter enthalten, so machen wir uns die Inhalte nicht zu eigen und übernehmen für die Inhalte keine Haftung.

In diesem Buch wird aus Gründen der besseren Lesbarkeit das generische Maskulinum verwendet. Weibliche und anderweitige Geschlechteridentitäten werden dabei ausdrücklich mitgemeint, soweit es für die Aussage erforderlich ist.

1. Auflage 2024

Umschlaggestaltung: Chris Langohr, March.
Coverfoto: © Matthew Troke, Shutterstock.

Layout und Satz: Silke Schüler, Portimão.
Lektorat: Matthias Kunstmann, Karlsruhe.

Printed in Poland by CGS Printing.

ISBN 978-3-8425-2446-0

Ihre Meinung ist wichtig für unsere Verlagsarbeit. Senden Sie uns Ihre Kritik und Anregungen unter **meinung@silberburg.de**

Besuchen Sie uns im Internet und entdecken Sie die Vielfalt unseres Verlagsprogramms: **www.silberburg.de**

Bildnachweis

J. Bundy: S. 73. Rolf Schlenker: S. 4/5, 10/11, 29 unten, 63, 65 rechts. Shutterstock: Floc: S. 48 links. Hunter Bliss Images: S. 22/23. maphke: S. 35. Schlesier52: S. 107. Wikimedia Commons: Ailura, CC BY-SA 3.0 at: S. 112/113. Alessandro Trupo, CC BY 2.0: S. 83. AlMare, CC BY-SA 3.0: S. 87 links. Andreas Schwarzkopf, CC BY-SA 4.0: S. 88. ArtMechanic, CC BY-SA 3.0: S. 52. Barbara Niggl Radloff, CC BY-SA 4.0: S. 68. Björn Appel, CC BY-SA 3.0: S. 61 oben. David.Clay.Photography, CC BY-SA 4.0: S. 42. Felix König, CC BY 3.0: S. 56/57; CC BY-SA 3.0: S. 87 rechts. Flodur63, CC BY-SA 4.0: S. 47. Gerd Eichmann, CC BY 4.0: S. 119. Greenplanet92, CC BY-SA 3.0: S. 110. H.Helmlechner, CC BY-SA 4.0: S. 84. Hubert Berberich, CC BY-SA 3.0: S. 100. Ikar.us, CC BY 3.0 de: S. 27. Jettcom, CC BY 3.0: S. 90/91. Jörgens.mi,CC BY-SA 3.0: S. 17. Karle3, CC BY-SA 4.0: S. 36 rechts. Karthoo, CC BY 4.0: S. 8, 77. Kauk0r, CC BY-SA 3.0: S. 61 unten. Kerish, CC BY-SA 3.0: S. 18/19. Kreuzschnabel, CC BY-SA 3.0: S. 64. LepoRello, CC BY-SA 3.0: S. 54. LinovonLinares, CC BY-SA 4.0: S. 102. LosHawlos, CC BY-SA 3.0: S. 79. Maixentais, CC BY-SA 4.0: S. 30 rechts. Mondberg, CC BY-SA 3.0: S. 93. NordNordWest, CC BY-SA 3.0: S. 80. Rainer Halama, CC BY 2.5: S. 53. Richard Mayer, CC BY-SA 3.01: S. 67. Roger Oldfield, GFDL: S. 109. Rolf Kickuth, CC BY-SA 4.0: S. 99. Rosenzweig, CC BY-SA 3.0: S. 95. RudolfSimon, CC BY 3.0: S. 103. Stadtverwaltung Burladingen, CC BY-SA 4.0: S. 104/105. Gemeinfrei: S. 7, 13 links und rechts, 14/15, 21, 24, 26, 29 oben, 30 links, 33, 36 links, 39, 41, 43, 45, 48 rechts, 51, 59, 60, 62, 65 links, 71, 74, 75, 94, 96.

Grimmelshausens Romanheld Simplicissimus begegnete am Mummelsee im Schwarzwald dem König der Wassergeister.